50 PERSONALIDADES NEGRAS REVOLUCIONÁRIAS

Dados Internacionais de Catalogação na Publicação (CIP) de acordo com ISBD

S237p   Santos, Karina Barbosa dos.

50 Personalidades negras revolucionárias / Karina Barbosa dos Santos ; ilustrado por Lhaiza Morena. - Jandira, SP : Ciranda Cultural, 2023.
112 p. ; 15,50cm x 22,60cm.

ISBN: 978-65-5500-806-7

1. Biografia. 2. Tendência. 3. Protagonista negro 4. Empoderamento. 5. Superação. I. Morena, Lhaiza. II. Título.

2023-1129

CDD 927.8
CDU 94(729.4)

Elaborada por Lucio Feitosa - CRB-8/8803

Índice para catálogo sistemático:
1. Biografia 927.8
2. Biografia 94(729.4)

© 2023 Ciranda Cultural Editora e Distribuidora Ltda.
Texto: Karina Barbosa dos Santos
Ilustrações: Lhaiza Morena
Editora: Elisângela da Silva
Editora-assistente: Layane Almeida
Preparação: Paloma Blanca Alves Barbieri
Revisão: Fabiana Oliveira e Angela das Neves
Produção e projeto gráfico: Ciranda Cultural
Diagramação: Edilson Andrade

1ª Edição em 2023
3ª Impressão em 2024
www.cirandacultural.com.br
Todos os direitos reservados. Nenhuma parte desta publicação pode ser reproduzida, arquivada em sistema de busca ou transmitida por qualquer meio, seja ele eletrônico, fotocópia, gravação ou outros, sem prévia autorização do detentor dos direitos, e não pode circular encadernada ou encapada de maneira distinta daquela em que foi publicada, ou sem que as mesmas condições sejam impostas aos compradores subsequentes.

50 PERSONALIDADES NEGRAS REVOLUCIONÁRIAS

Ciranda Cultural

ESTE LIVRO É DEDICADO A
TODAS AS PESSOAS NEGRAS,
QUE LUTAM DESDE O NASCIMENTO
PARA PROVAR QUE
SUAS VIDAS IMPORTAM!

TODAS AS VIDAS IMPORTAM!

SUMÁRIO

PREFÁCIO 8
AÍDA DOS SANTOS 10
ALEIJADINHO 12
ALEXANDRE DUMAS 14
ANGELA DAVIS 16
ANTONIETA DE BARROS 18
ARETHA FRANKLIN 20
BARACK OBAMA 22
BOB MARLEY.. 24
CAROLINA MARIA DE JESUS 26
CHIMAMANDA NGOZI ADICHIE 28
CLEMENTINA DE JESUS 30
CONCEIÇÃO EVARISTO 32
CRUZ E SOUSA 34
DANDARA DOS PALMARES 36
DESMOND TUTU 38
DJAMILA RIBEIRO 40
ELZA SOARES 42
EMICIDA 44
ENEDINA MARQUES 46
FREDERICK DOUGLASS 48
GILBERTO GIL 50
GRACE PASSÔ 52
GRANDE OTELO 54
HARRIET TUBMAN 56

ILWAD ELMAN 58
INGRID SILVA 60
JAQUELINE GOES DE JESUS 62
KATHERINE JOHNSON 64
LÁZARO RAMOS 66
LEWIS HAMILTON 68
LIMA BARRETO 70
MACHADO DE ASSIS 72
MARIA FIRMINA DOS REIS 74
MARIELLE FRANCO 76
MARTA VIEIRA DA SILVA 78
MARTIN LUTHER KING JR. 80
MICHAEL JACKSON 82
MILTON NASCIMENTO 84
NELSON MANDELA 86
PELÉ 88
REBECA ANDRADE 90
ROSA PARKS 92
SANITÉ BÉLAIR 94
SERENA WILLIAMS 96
SHONDA RHIMES 98
SIMONE BILES 100
SUELI CARNEIRO 102
TSITSI DANGAREMBGA 104
USAIN BOLT 106
ZUMBI DOS PALMARES 108
BIOGRAFIA DA AUTORA E DA ILUSTRADORA 110
SUGESTÕES DE LIVROS 111

PREFÁCIO

Quando o primeiro filme do Pantera Negra estreou no cinema em 2018 minha emoção era tanta que eu me uni a uma amiga e alugamos uma sala de cinema inteira. Fomos ousadas, tínhamos pouco tempo para reunir o dinheiro que não possuíamos e pagar o aluguel, mas nós queríamos lotar a sala com pessoas pretas para assistirmos todos juntos ao primeiro grande super-herói negro das telonas.

Eu estava extasiada, saímos como doidas vendendo ingressos para amigos e pedindo que alguns conhecidos endinheirados comprassem ingressos para crianças e jovens das comunidades carentes e de abrigos de acolhimento. Até convidei grupos de meninos e meninas que trabalhavam nos faróis. Eles precisavam descobrir que existia um herói com a mesma cor de pele que eles, com o mesmo cabelo crespo e que vinha da África, continente cujas riquezas foram escondidas de nós ao longo dos séculos.

Foi uma grande correria para organizar tudo, mas nós conseguimos. No dia da exibição do filme, foi uma festa lindíssima. Muitas pessoas vestidas com roupas do continente africano, a felicidade estampada no rosto de cada um. Dentre um grupo de irmãos que moravam num abrigo, Igor de 6 anos me chamou a atenção. Ele me disse que amava o Super-Homem, que era seu super-herói favorito porque ele voava. Falei a ele que talvez tivesse um novo super-herói em algumas horas e ele, levemente ofendido, me disse que nunca deixaria de gostar do Super-Homem, o melhor super-herói da história. Deu de ombros e foi para a sala com o imenso pacote de pipoca derramando um caminho de migalhas pelo chão e equilibrando o refrigerante numa das mãos.

Aquela noite foi mágica, eram mais de 350 pessoas negras assistindo ao *Pantera Negra* numa sala de cinema num shopping onde negros eram sempre os seguranças ou funcionários da limpeza, quase nunca clientes. Se você assistiu, deve saber que o filme é uma grande aventura e nós saímos da sala impactados com aquela história libertadora.

Diante de toda aquela comoção ao final do filme, alguém puxou a saia do meu vestido querendo falar comigo. Era Igor, com um sorriso imenso que mal cabia no rosto. Tropeçando por entre as palavras de tanta emoção, precisei pedir para ele que falasse um pouco mais devagar para que eu pudesse entender. Ele me disse: "agora tenho um novo herói favorito, é o Pantera Negra, ele tem o cabelo igual ao meu, a pele da cor da minha e ainda sabe lutar muito bem". Ele me abraçou como quem queria agradecer por aquele momento, mas sem saber direito o que estava vivendo.

Eu chorei, fiquei emocionada, estática diante da revelação de um herói para uma criança preta que só queria ser feliz. Lembrei de mim quando tinha a idade dele que acreditava que teria que ser branca para ser considerada especial. Naquele dia, eu descobri que as crianças pretas precisam saber que existem heróis negros para que elas descubram sua importância.

Por isso estou completamente apaixonada pela leitura de *50 Personalidades negras revolucionárias*. Neste livro não temos a história do Pantera Negra, o rei de Wakanda, mas temos cinquenta histórias que irão revelar para cada leitor a sabedoria, a astúcia, a garra e a resistência que os negros têm dentro de si e que herdaram de seus ancestrais.

Meu pai, Seu Manu, sempre me dizia que nós construímos a nossa própria história de vida a partir da história dos nossos. Ele tinha certeza de que um futuro próspero e seguro só era possível se soubéssemos de onde viemos e quem eram os nossos ancestrais que nos deram a vida e lutaram por nossa existência.

Os europeus que escravizaram os africanos também sabiam desse poder, tanto que uma das estratégias de enfraquecimento do povo escravizado foi apagar sua cultura, aniquilar sua inteligência e proibir seu protagonismo. Contaram uma história cheia de mentiras sobre o nosso passado, nos impediram de viver em nossa terra com nossas famílias e fizeram do nosso futuro um emaranhado de dor e dúvidas.

Cada história aqui presente tem um valor inestimável e precisa ser contada e recontada para todos, independente dos ouvintes serem negros ou não. Ao ler este livro eu me tornei uma mulher mais envaidecida da história do meu povo assim como o pequeno Igor, que se tornou mais orgulhoso de si após assistir ao filme do herói T'Challa.

50 Personalidades negras revolucionárias é uma resposta para toda e qualquer dúvida que as pessoas possam ter sobre a excelência e sobre a luta negra por liberdade. São relatos reais escritos com dedicação pela Karina Barbosa dos Santos e ilustrados com afeto pela Lhaiza Morena que nos conduzem a uma viagem de conhecimento, orgulho e consciência negra. Este livro é a possibilidade de termos muitos heróis revelados que nos auxiliarão na construção de quem somos.

Quero te fazer um convite, que tal escrever sua própria história ao final desta leitura? Deixe registrado seus momentos, os melhores encontros, os abraços mais gostosos, os amigos que te fazem rir, as dificuldades que te ensinam a viver. Você é o protagonista da sua história, ela deve ser contada pela pessoa mais importante da sua vida: você.

CRIS GUTERRES

AÍDA DOS SANTOS

- AMÉRICA DO SUL · BRASIL
- 1937
- VELOCISTA OLÍMPICA

Nascida no subúrbio de Niterói, Rio de Janeiro, em março de 1937, **Aída dos Santos Menezes** adorava praticar esportes, mas o pai queria que ela seguisse uma carreira que ajudasse com as finanças da família. Assim, Aída começou a treinar atletismo sem que os pais soubessem.

Tendo grande talento para o esporte, ela ganhou muitas competições no salto em altura: foi campeã estadual, brasileira, sul-americana e pan-americana. Mesmo sendo uma excelente atleta, Aída não tinha apoio das pessoas próximas a ela, inclusive da família. Com isso, muitas vezes não conseguia treinar, porque morava longe do centro da cidade e não tinha condições de pagar o transporte.

Apesar das dificuldades que encontrou no caminho, em 1964, a atleta se classificou para as Olimpíadas de Tóquio, no Japão. Para isso, ela precisou provar seu talento muitas vezes. Afinal, Aída e uma amiga eram as únicas mulheres (e negras) entre os atletas brasileiros.

Nas Olimpíadas, Aída estava sozinha, sem apoio, sem uniforme e sem técnico. Então, improvisou um uniforme antigo e conseguiu uma sapatilha com um atleta cubano. Ela chegou à final, mas torceu o tornozelo. Mesmo com a lesão, saltou um metro e setenta e quatro centímetros, sua melhor marca, e ficou em quarto lugar, tornando-se a primeira mulher brasileira a disputar uma final olímpica.

SAIBA MAIS!

- Em 2001, a marca esportiva Centauro criou um uniforme exclusivo para homenagear a ex-atleta, em uma campanha chamada "o uniforme que nunca existiu".

- Aída é formada em geografia, educação física e pedagogia, tendo atuado como professora universitária.

- A ex-atleta e a filha, que é campeã olímpica de vôlei, mantém o Instituto Aída dos Santos, que possui ações sociais e esportivas.

ALEIJADINHO

- AMÉRICA DO SUL · BRASIL
- 1738 † 1814
- ICÔNICO ARTISTA BARROCO

Antônio Francisco Lisboa, conhecido como Aleijadinho, foi um grande escultor, carpinteiro e arquiteto do período Barroco no Brasil. Nascido em Minas Gerais em 1738, na cidade de Vila Rica (atual Ouro Preto), era filho de uma escravizada e de um arquiteto português.

Com o pai, Aleijadinho aprendeu sobre desenho, escultura e arquitetura. Aos 12 anos, estudou latim, gramática, religião e matemática. Desde pequeno, começou a criar projetos de escultura e arquitetura, demonstrando bastante talento nessa arte, mas por causa de suas origens e cor, seu trabalho não foi valorizado no início da carreira.

Aleijadinho só ficou mundialmente famoso na segunda metade do século XX, quando um antigo funcionário do Museu do Louvre, localizado em Paris, na França, visitou a cidade de Ouro Preto e conheceu suas esculturas e seus projetos arquitetônicos.

Entre seus trabalhos mais conhecidos estão a Igreja de São Francisco de Assis, em Ouro Preto, e o Santuário do Bom Jesus de Matosinhos, na cidade de Congonhas, que foi reconhecido como Patrimônio Cultural Mundial pela UNESCO em 1985.

SAIBA MAIS!

- O apelido Aleijadinho surgiu porque, na idade adulta, o artista passou a sofrer de uma doença grave que deformou seu corpo, suas mãos e até seu rosto.

- Mesmo muito doente, ele só parou de trabalhar em 1812, aos 74 anos, quando perdeu totalmente a visão.

- A cidade de Ouro Preto recebeu o título de Patrimônio Mundial da UNESCO em 1980, graças às grandes expressões artísticas de Aleijadinho.

ALEXANDRE DUMAS

- EUROPA · FRANÇA
- 1802 † 1870
- ESCRITOR NACIONALISTA

Nascido na França em 1802, **Alexandre Dumas** começou sua carreira escrevendo peças de teatro. Neto de um general e de uma escravizada, ele escrevia sobre aventura, guerra, justiça e coragem.

Depois que sua peça sobre o rei Henrique III foi apresentada em Paris, o autor ficou famoso, o que lhe permitiu se dedicar ao que mais gostava: escrever romances.

Assim, Dumas tornou-se um dos autores franceses mais conhecidos no mundo, com obras traduzidas para mais de cem idiomas. Entre seus clássicos romances de destaque, estão *O conde de Monte Cristo*, *Os três mosqueteiros* e *O homem da máscara de ferro*. Ele foi um dos poucos escritores negros bem-sucedidos de sua época.

Além do grande talento para a dramaturgia, o segredo para ter conquistado seu espaço no mundo literário se deve aos temas abordados em suas obras: nacionalismo, heroísmo, sentimentalismo e, é claro, muita aventura.

SAIBA MAIS!

- Em Paris, existe uma estação de trem chamada Alexandre Dumas.

- Seu romance *O cavaleiro de Sainte-Hermine* só foi encontrado e publicado em 2005.

- Suas obras já foram adaptadas mais de duzentas vezes para o teatro, a televisão, o cinema e o rádio.

ANGELA DAVIS

- AMÉRICA DO NORTE · ESTADOS UNIDOS
- 1944
- ATIVISTA POLÍTICA

Angela Yvonne Davis nasceu em 1944 na cidade de Birmingham, estado do Alabama, nos Estados Unidos. Filósofa, professora universitária e ativista política, ela escreve livros contra a violência, o racismo e o preconceito social. Desde 1960, Angela luta para defender os direitos das mulheres e dos negros na sociedade.

Em 1970, a autora foi condenada e presa injustamente, acusada de ter comprado uma arma que foi utilizada em um sequestro. Ela foi considerada uma das fugitivas mais procuradas pelo FBI. Intelectuais e ativistas de todo o mundo fizeram uma campanha chamada "Libertem Angela Davis", e ela finalmente foi liberada em 1972, dezoito meses depois.

No ano de 1998, Davis fundou nos Estados Unidos uma organização que combate o sistema atual de prisões, que deveriam se tornar centros de reabilitação para respeitar os direitos humanos, sobretudo das minorias, como negros e latinos.

Sua obra mais famosa é o livro *Mulheres, raça e classe*, que fala sobre a escravidão e a importância das mulheres na sociedade.

SAIBA MAIS!

- Angela já foi candidata à vice-presidência da República duas vezes, em 1980 e 1984.

- A música *Sweet Black Angel*, lançada pela banda The Rolling Stones em 1972, é uma homenagem à autora.

- Em fevereiro de 2020, Angela veio para o Brasil para lançar seu livro *Uma autobiografia*.

ANTONIETA DE BARROS

AMÉRICA DO SUL · BRASIL
1901 ✝ 1952
EXEMPLO DE EDUCADORA E POLÍTICA

Antonieta de Barros nasceu no dia 11 de julho de 1901, na cidade de Florianópolis, capital de Santa Catarina. De origem muito pobre, o pai faleceu quando ela ainda era criança. Portanto, acabou sendo criada apenas pela mãe, que era lavadeira.

Antonieta foi alfabetizada aos 5 anos e foi a primeira da família a terminar o ensino médio. Antes de concluir o magistério (antigo curso que formava professores), criou, em 1922, um curso de alfabetização chamado "Curso Particular Antonieta de Barros".

Mais tarde, ela atuou como jornalista, escritora e ativista, sendo a primeira mulher negra a se tornar deputada estadual no Brasil, e a primeira mulher no parlamento catarinense. Entre suas principais propostas, está a importante criação da data em homenagem ao Dia do Professor, celebrado em 15 de outubro.

Antonieta acreditava que o sistema educacional era falho e que o governo queria que as pessoas soubessem ler, mas não facilitava a continuação dos estudos, principalmente entre as classes mais pobres da sociedade. Em seus escritos, ela afirmava que a educação deveria ser um direito de qualquer pessoa. O grande sonho de Antonieta era fazer do Brasil um país justo, com educação e trabalho para todos, sem diferenças de raça, classe ou origem social.

SAIBA MAIS!

◉ Antonieta escreveu diversos artigos para jornais (tendo fundado e dirigido alguns deles), usando o pseudônimo Maria da Ilha.

◉ Seus artigos falavam sobre o dia a dia na cidade e continham ensinamentos sobre paz, ética e moral.

◉ Muito dedicada aos estudos, Antonieta foi considerada uma das melhores professoras de sua época.

ARETHA FRANKLIN

- AMÉRICA DO NORTE · ESTADOS UNIDOS
- 1942 † 2018
- RAINHA DO SOUL

Aretha Louise Franklin nasceu em 25 de março de 1942, em Memphis, no Tennessee, Estados Unidos. Filha de uma cantora e pianista gospel e de um pastor, ela participava do coral de uma igreja quando era adolescente.

Em 1960, aos 18 anos, Aretha se mudou para Nova Iorque para seguir a carreira musical. No mesmo ano, conseguiu um contrato com a gravadora Columbia Records e lançou seu primeiro *single*: *Today I Sing the Blues*.

Embora fosse muito talentosa e atuasse em diversos gêneros, ela não fazia muito sucesso com o público. Então, Aretha mudou de gravadora, na qual conseguiu esculpir sua própria identidade musical. Voltando às origens, com uma mistura de gospel e blues, ela alcançou os ouvidos e o coração das pessoas, chegando a vender mais de um milhão de cópias.

Sua interpretação mais famosa é o *cover* da música *Respect*, de Otis Redding. A versão de Aretha trouxe um ritmo totalmente novo à canção, que acabou se tornando uma mensagem de força e autoconfiança, vinda de uma mulher negra.

Em 2005, a artista recebeu a honrosa Medalha Presidencial da Liberdade, por revolucionar a música estadunidense. No universo musical, Aretha é considerada a rainha do soul.

SAIBA MAIS!

⦿ O estado de Michigan, nos Estados Unidos, classificou a voz de Aretha como um patrimônio das "maravilhas da natureza".

⦿ Aretha ganhou dezoito prêmios Grammy, teve cento e doze *singles* nas paradas da Billboard e vendeu mais de setenta e cinco milhões de discos em todo o mundo.

⦿ Em 2021, a revista *Rolling Stone* elegeu sua versão de *Respect* como a melhor música de todos os tempos.

BARACK OBAMA

- AMÉRICA DO NORTE · ESTADOS UNIDOS
- 1961
- LÍDER ADMIRÁVEL

Nascido no Havaí, em 4 de agosto de 1961, **Barack Hussein Obama II** é filho de uma antropóloga estadunidense e de um político e economista queniano.

Com formação em ciência política pela Universidade Columbia e em direito pela Universidade Harvard, foi editor, advogado de direitos civis e atuou como professor de direito na Universidade de Chicago.

Obama criou um projeto que visava ao registro de milhares de negros para que eles pudessem votar nas eleições. Tal campanha ajudou a eleger a primeira mulher negra no senado.

Em 1989, conheceu Michelle Robinson, que era uma advogada na empresa onde ele trabalhava. Os dois se casaram em 1992, tiveram duas filhas e estão juntos até hoje.

Dentro do universo político, Barack Obama foi senador de 1994 até 2004, cargo que lhe permitiu levar assistência médica para famílias carentes e melhorar as leis para garantir o bem-estar da população. Após fazer um discurso memorável na Convenção Nacional Democrata, em 2004, ele se tornou conhecido em todo o país. Como resultado, em 2009, tornou-se o primeiro presidente negro dos Estados Unidos.

Entre suas maiores contribuições políticas, destacam-se o *Obamacare*, que permitiu que milhões de pessoas pobres tivessem acesso à saúde, e à luta pelo meio ambiente, promovendo o uso de energias renováveis.

SAIBA MAIS!

⊙ Em 2009, Obama ganhou o Prêmio Nobel da Paz, pelos seus esforços para melhorar a cooperação entre os povos.

⊙ A revista *Forbes* o incluiu na lista das cem pessoas mais influentes do mundo em 2007 e 2008; e também o elegeu como a pessoa mais poderosa do mundo em 2009, 2011 e 2012.

⊙ Obama ganhou um prêmio Grammy de melhor álbum falado por seu audiolivro *Dreams from My Father* (Sonhos do meu pai).

BOB MARLEY

 AMÉRICA CENTRAL · JAMAICA
 1945 † 1981
 PIONEIRO DO REGGAE

Robert Nesta Marley, mais conhecido como Bob Marley, nasceu na Jamaica, em 6 de fevereiro de 1945. Ele foi um cantor, músico e compositor, considerado um dos pioneiros do ritmo reggae. Com uma mistura de rock, ska e rocksteady, dois ritmos oriundos de seu país, Marley foi o primeiro artista jamaicano a se tornar um astro internacional.

Em 1963, começou no grupo The Wailers, mostrando um estilo único que conquistaria o público do mundo todo. Com a separação da banda, em 1974, Bob Marley partiu para a carreira solo. Anos depois, em 1977, seu álbum *Exodus* o tornou um dos artistas mais famosos de todos os tempos, com mais de setenta e cinco milhões de cópias vendidas.

Em seus shows, Marley sempre falava sobre questões filosóficas e sobre sua luta pela liberdade. Suas letras expressam a sua visão de mundo e espiritualidade. Adepto do movimento rastafári, ele acreditava que deveria haver mais justiça na sociedade.

Em 1981, Marley faleceu no hospital, vítima de um câncer. Suas últimas palavras para seu filho foram: "o dinheiro não pode comprar a vida".

SAIBA MAIS!

- Em 1978, Bob recebeu da ONU a Medalha da Paz do Terceiro Mundo, por sua luta a favor da paz e da justiça em países pobres.

- Bob Marley era apaixonado por futebol e, em 1980, jogou com artistas brasileiros, entre eles Chico Buarque e Toquinho.

- Em 1976, foi baleado durante um ensaio para um evento na Jamaica que promovia a paz. O cantor fez o show mesmo depois do ocorrido.

CAROLINA MARIA DE JESUS

AMÉRICA DO SUL · BRASIL

1914 † 1977

ESCRITORA DA FAVELA

Carolina Maria de Jesus nasceu em 14 de março de 1914, em Sacramento, Minas Gerais. Filha de negros de origem humilde, teve pouco acesso aos estudos.

Após a mãe falecer, Carolina se mudou em 1937 para São Paulo, onde passou a morar na favela do Canindé. Para garantir o sustento dos seus três filhos, ela trabalhou como catadora de lixo. Carolina amava ler, e por isso lia tudo o que encontrava. Com o tempo, passou a registrar suas memórias, escrevendo diários sobre o seu dia a dia na favela, assim como poemas em cadernos que encontrava no lixo.

Nos anos 1950, Carolina presenciou alguns adultos destruindo os brinquedos de uma praça e logo os ameaçou, dizendo que os usaria como personagens em seu livro. Um jornalista ouviu a discussão e conversou com Carolina, que contou sobre seus cadernos. Interessado na história, ele ajudou a divulgar seu material. Assim, em 1960, foi publicado o livro *Quarto de despejo: diário de uma favelada*, uma obra de grande sucesso, que vendeu trinta mil cópias apenas na primeira edição, e que foi traduzido para treze idiomas e distribuído em mais de quarenta países.

Carolina escreveu outros três livros, mas nenhum foi tão bem-sucedido quanto o *Quarto de despejo*, que até hoje é considerado uma obra-prima, escrita do ponto de vista de uma mulher negra e carente que viveu às margens da sociedade.

SAIBA MAIS!

- Carolina foi uma das primeiras autoras negras publicadas no Brasil.

- Em 1971, a alemã Christa Gottmann-Elter gravou um filme baseado na vida de Carolina. Mas a gravação só foi divulgada em 2014, porque tratava de questões sociais polêmicas.

- Além de seus quatro livros, Carolina deixou um acervo não publicado de seis livros, cinco mil páginas de manuscritos, peças de teatro, músicas, contos e poemas.

CHIMAMANDA NGOZI ADICHIE

- ÁFRICA · NIGÉRIA
- 1977
- ESCRITORA DE REPRESENTATIVIDADE

Filha de um professor e de uma administradora, **Chimamanda Ngozi Adichie** nasceu no dia 15 de setembro de 1977, na Nigéria. Começou a ler por volta dos 4 anos e, aos 7, já escrevia e ilustrava os próprios contos.

Aos 19 anos, ela se mudou para os Estados Unidos, onde estudou comunicação e ciência política e escreveu artigos para jornais universitários. Depois de se formar, fez dois mestrados: escrita criativa e estudos africanos.

Além de ter escrito livros premiados, como *Hibisco roxo* (2003), *Meio Sol amarelo* (2006) e *Americanah* (2013), a autora ganhou popularidade por causa de duas palestras que ela realizou em conferências TED Talks: a primeira, em 2009, "O perigo de uma história única", e a segunda, em 2012, "Todos devemos ser feministas".

Nesses famosos discursos, Chimamanda fala sobre a importância de respeitar e conhecer o ponto de vista dos outros, além de contar histórias comoventes sobre a cultura africana. Graças às suas palestras e obras, a escritora se tornou uma porta-voz da luta pela paz e contra o racismo em todo o mundo.

Casada e com uma filha, a autora atualmente vive nos Estados Unidos e na Nigéria, onde ensina escrita criativa.

SAIBA MAIS!

- A autora fundou uma ONG chamada *Farafina Trust*, para incentivar a leitura, a escrita e o contato com a arte.

- As obras de Chimamanda já foram traduzidas para mais de trinta idiomas.

- A autora escreveu uma peça de teatro chamada *For the Love of Biafra* (Pelo amor de Biafra), que fala sobre a guerra civil na Nigéria.

CLEMENTINA DE JESUS

- AMÉRICA DO SUL · BRASIL
- 1902 † 1987
- VOZ DO SAMBA

Nascida em 1902, na cidade de Valença, no Rio de Janeiro, **Clementina de Jesus da Silva** era neta de escravizados e filha de uma parteira e de um violeiro e capoeirista. Sua mãe gostava muito de cantar enquanto lavava as roupas na água do rio, e isso despertou o encantamento musical na menina.

Aos 8 anos, ela entrou para o coral do colégio onde estudava. Além disso, cantava no coral da igreja com o pai, que a acompanhava na viola.

Ao longo da vida, Clementina trabalhou como empregada doméstica por mais de vinte anos. Em meio ao seu trabalho, frequentava as rodas de samba da região, principalmente da escola de samba Portela. Por causa de sua voz marcante, foi convidada a ensaiar um grupo de pastoras (mulheres que cantam em escolas de samba) e logo se tornou diretora de uma delas.

A carreira profissional de Clementina como cantora só começou em 1963, quando ela já tinha mais de 60 anos. Ao ouvi-la cantando, um produtor musical se encantou com sua voz e decidiu levá-la aos palcos. Sua música, que traz ritmos como jongo, samba, partido-alto e batucada, tem influências diversas, como a música cristã, as religiões africanas, as canções que ouvia da mãe, as escolas de samba e o cenário musical do subúrbio do Rio de Janeiro.

Ainda que tenha ingressado no meio musical tardiamente, o estilo e repertório de Clementina deixaram sua marca, exaltando a cultura negra.

SAIBA MAIS!

- Em 1973, a cantora lançou o disco *Marinheiro só*, que foi produzido por Caetano Veloso.

- Em 1983, recebeu uma homenagem no Teatro Municipal do Rio de Janeiro, com a presença de Beth Carvalho, Paulinho da Viola, entre outros.

- Apelidada de "Rainha Quelé", ela é considerada também a rainha do partido-alto.

CONCEIÇÃO EVARISTO

AMÉRICA DO SUL · BRASIL

1946

DEFENSORA DA IGUALDADE

Maria da Conceição Evaristo de Brito nasceu em Belo Horizonte, Minas Gerais, em 1946. De família humilde, trabalhou como empregada doméstica até terminar a escola secundária, em 1971.

Depois do magistério, Conceição se formou em letras, fez mestrado em literatura brasileira, cuja dissertação versou sobre a literatura negra afro-brasileira, e obteve seu doutorado pela Universidade Federal Fluminense, em 2011.

Inconformada com a desigualdade social, Conceição seguiu a carreira acadêmica, tornando-se a primeira de sua família a se formar em uma universidade. Hoje, ela é uma grande escritora de romances, contos e poemas, atuando também como pesquisadora de literatura e professora universitária no Rio de Janeiro.

Suas obras retratam o preconceito e as desigualdades raciais no Brasil desde o período da escravidão. Para explicar sua literatura, Conceição criou a palavra "escrevivência", uma mistura de "escrever", "viver" e "se ver". Esse conceito visa apresentar a história sem estereótipos, ou seja, de acordo com os relatos das pessoas que viveram os fatos. Dessa forma, ela narra a experiência e a identidade das mulheres negras e marginalizadas no país.

SAIBA MAIS!

- Em meados dos anos 1950, com o texto *Porque me orgulho de ser brasileira*, a autora ganhou um prêmio de literatura.

- Sua obra mais importante é o romance *Ponciá Vicêncio* (2003), que trata de questões sociais e raciais.

- Em 2015, Conceição ganhou o prêmio Jabuti de Literatura e, em 2019, foi homenageada como "Personalidade Literária do Ano" pelo mesmo prêmio.

CRUZ E SOUSA

- AMÉRICA DO SUL · BRASIL
- 1861 † 1898
- POETA SIMBOLISTA

João da Cruz e Sousa nasceu na cidade de Desterro (atual Florianópolis), em Santa Catarina, no dia 24 de novembro de 1861. Filho de escravizados alforriados, cresceu sob cuidado e proteção do ex-senhor de seus pais.

Estudou em escolas de elite, sendo o melhor aluno da sala nas aulas de matemática e idiomas (grego, latim, francês e inglês). Desde pequeno, mostrou gosto pela poesia, e lia as obras de grandes autores, como Charles Baudelaire e Gustave Flaubert.

Em 1881, fundou um jornal semanal, no qual publicava artigos abolicionistas (contra a escravidão). Em 1885, estreou na literatura, publicando o livro *Tropos e fantasias*, com textos em prosa, também com a temática abolicionista.

Suas obras em prosa *Missal* e *Broquéis*, ambas publicadas em 1893, retratavam os problemas sociais e as dores do homem negro. Tais obras consagraram o poeta como pioneiro do Simbolismo no Brasil (movimento que mostra uma visão simbólica e subjetiva do mundo).

Mesmo conhecido por sua poesia, Cruz e Sousa não conseguia prosperar na carreira. Afinal, o contexto escravista da época ainda o perseguia. Por suas condições modestas de trabalho, foi acometido pela tuberculose, não resistindo à doença.

Cruz e Sousa teve uma vida marcada por infelicidades, miséria e preconceito, pois poucos reconheciam o valor de seu trabalho. Apesar disso, seu nome se mantém vivo, e seus escritos são uma inestimável herança deixada pelo poeta.

SAIBA MAIS!

- Ele foi apelidado de "Dante Negro" em referência ao famoso escritor italiano Dante Alighieri.

- Apesar de ser uma pessoa culta e estudada, Cruz e Sousa sofreu preconceito durante toda a sua vida por ser negro.

- Em 1961, a Biblioteca Nacional fez uma exposição comemorativa do centenário do nascimento de Cruz e Sousa para homenagear o poeta.

DANDARA DOS PALMARES

AMÉRICA DO SUL · BRASIL

? † 1694

SÍMBOLO DA RESISTÊNCIA

Companheira de Zumbi dos Palmares, **Dandara dos Palmares** foi tão importante quanto ele na luta contra a escravidão. Apesar disso, seu nome geralmente não aparece nos livros de história.

Dessa forma, não se sabe muito sobre a vida de Dandara, mas pesquisas indicam que ela nasceu no Brasil e chegou ao Quilombo dos Palmares quando ainda era criança.

Dandara teve uma participação importante no combate à escravidão. No dia a dia, ela participava das atividades de produção e cultivo de alimentos. Conhecia técnicas de capoeira, era uma excelente caçadora e até chegou a usar armas para defender os quilombolas (habitantes dos quilombos) dos ataques de portugueses.

Em seu papel político, acredita-se que Dandara (que era totalmente contra a escravidão) tenha influenciado a visão política de Zumbi, que rejeitou as ofertas do governo de Pernambuco.

Existem muitos mistérios em relação à vida de Dandara. Apesar disso, ela é considerada uma líder, um símbolo de resistência contra a escravidão.

SAIBA MAIS!

- Ela era tão corajosa que liderava as tropas femininas do quilombo.

- Em 2016, a prefeitura de Santos criou o Prêmio Dandara para reconhecer o trabalho das mulheres negras que vêm executando trabalhos importantes na comunidade.

- Em 2019, foi homenageada e eleita Heroína da Pátria pelo Senado brasileiro.

DESMOND TUTU

- ÁFRICA · ÁFRICA DO SUL
- 1931 ✝ 2021
- DEFENSOR DOS DIREITOS HUMANOS

Desmond Mpilo Tutu nasceu em 7 de outubro de 1931, na África do Sul. Filho de uma cozinheira e de um professor, sonhava em ser médico. Sem condições financeiras para pagar os estudos, decidiu seguir a mesma profissão do pai. Atuou como professor por três anos, depois formou-se em teologia, que estuda crenças e religiões. Assim, tornou-se o primeiro arcebispo anglicano negro da Cidade do Cabo e de Joanesburgo.

Desmond queria combater as diferenças sociais entre brancos e negros em seu país. Com suas palestras e seus textos, ele se tornou a voz dos negros sul-africanos.

Em 1978, assumiu o cargo de Secretário-Geral do Conselho Sul-Africano de Igrejas, sendo o primeiro negro a conquistar tal ocupação. Nessa época, também se tornou um crítico do apartheid, prática que proibia negros e brancos de ocuparem o mesmo espaço.

Em 1994, o presidente sul-africano Nelson Mandela o nomeou presidente da Comissão de Verdade e Reconciliação, que tinha como objetivo oferecer anistia (perdão) para as pessoas que confessassem suas ações contra os direitos humanos.

Grande defensor da igualdade, Desmond sonhava com "uma sociedade democrática e justa, sem divisões raciais".

SAIBA MAIS!

◉ Em 1976, escreveu uma carta ao primeiro-ministro da África do Sul para denunciar a situação precária em que os negros viviam.

◉ Em 1984, ganhou o Prêmio Nobel da Paz, por sua liderança em uma campanha não violenta pela igualdade entre as pessoas.

◉ Em 2009, recebeu do presidente Barack Obama a Medalha Presidencial da Liberdade.

DJAMILA RIBEIRO

- AMÉRICA DO SUL · BRASIL
- 1980
- FILÓSOFA E ESCRITORA DA ATUALIDADE

Djamila Taís Ribeiro dos Santos nasceu em São Paulo, em 1º de agosto de 1980. A mãe era empregada doméstica, e o pai, ativista político.

Na adolescência, Djamila aprendeu inglês e foi uma das melhores alunas da escola. Aos 21 anos, começou a trabalhar na Casa de Cultura da Mulher Negra, organizando eventos e campanhas de valorização da cultura negra. Nesse período, teve contato com a literatura de mulheres extraordinárias, como Carolina Maria de Jesus e Conceição Evaristo.

Anos mais tarde, cursou filosofia e logo conseguiu uma vaga como professora em um colégio em Guarulhos. A experiência com o ensino mostrou para Djamila os inúmeros desafios das escolas públicas. Assim, em vez de ensinar sobre os filósofos tradicionais, Djamila debatia filosofia com músicas do grupo Racionais MC's.

Em 2016, assumiu o posto na Secretaria Adjunta de Direitos Humanos da Prefeitura de São Paulo, trabalhando em prol da população da capital paulista.

Djamila é coordenadora da coleção Feminismos Plurais, na qual publicou suas obras *O que é lugar de fala?* e *Quem tem medo do feminismo negro?*, ambas na lista dos mais vendidos da Festa Literária Internacional de Paraty.

Atualmente, Djamila faz palestras no Brasil e em diferentes países para divulgar suas ideias de igualdade, empoderamento feminino e direitos das mulheres negras.

SAIBA MAIS!

- Em 2018, foi a primeira mulher brasileira a ser convidada para o Festival do Livro de Edimburgo.

- Djamila foi escolhida pela ONU como uma das cem pessoas mais influentes do mundo, com menos de 40 anos, em 2019.

- Em 2019, foi escolhida como "Personalidade do Amanhã" pelo governo francês.

ELZA SOARES

AMÉRICA DO SUL · BRASIL
1930 ✝ 2022
GRANDE VOZ DA MPB

Elza Gomes (Soares) da Conceição foi uma cantora e compositora carioca, nascida em 23 de junho de 1930. Filha de um operário e uma lavadeira, começou a cantar desde pequena, acompanhando o pai no violão.

Ela não tinha nem 13 anos quando foi obrigada a se casar com um amigo do pai, com quem teve uma relação infeliz e violenta. Logo, já teve o primeiro filho, que adoeceu. Para poder tratar a criança, Elza se inscreveu em um programa de calouros, para receber o prêmio em dinheiro. Ela chamou atenção quando respondeu ao apresentador Ary Barroso que vinha "do planeta fome". Aos 21, Elza já tinha perdido dois filhos e ficou viúva. Sustentou outros quatro sozinha.

Aos 30 anos, após vencer o concurso de uma rádio, Elza passou a trabalhar exclusivamente com música. Assinou um contrato, foi chamada para trabalhar na TV, e até fez uma turnê internacional, ganhando o mundo com sua voz rouca e grave.

Por se manter firme diante de uma vida marcada por desafios, preconceito e dificuldades, Elza se tornou um símbolo de força e resistência. Sua música mundialmente premiada fala sobre sofrimento, romance, racismo e feminismo, misturando ritmos como samba, jazz, bossa nova, MPB, eletrônica, soul e rock.

SAIBA MAIS!

- Em 1999, foi eleita pela rádio BBC de Londres como a melhor cantora do milênio.

- Seu trigésimo segundo álbum, *Mulher do fim do mundo*, ganhou o Grammy Latino em 2016, na categoria Melhor Álbum de Música Popular Brasileira.

- A diretora Elizabete Martins Campos lançou em 2018 o documentário *My Name is Now*, no qual narra a história da cantora.

EMICIDA

- AMÉRICA DO SUL · BRASIL
- 1985
- REI DO RAP

Leandro Roque de Oliveira, conhecido como Emicida, nasceu em São Paulo, em 17 de agosto de 1985. É um cantor, rapper, compositor e apresentador. De família humilde, Emicida não tinha como gravar suas músicas, então contava com a ajuda de um amigo.

Com uma grande capacidade de rimar no improviso, ganhou diversas batalhas e se tornou um MC (Mestre de Cerimônias) muito respeitado. Em 2005, Emicida gravou algumas composições e, em 2008, com o *single Triunfo*, ele vendeu cerca de setecentas cópias no mês de lançamento.

Em 2009, lançou sua primeira mixtape, *Pra quem já mordeu um cachorro por comida, até que eu cheguei longe...*, vendendo cerca de treze mil cópias. No mesmo ano, foi indicado ao VMA Brasil, prêmio da MTV. Em 2011, foi indicado novamente ao VMA e venceu nas categorias Clipe do Ano e Artista do Ano.

Em fevereiro de 2020, participou de um programa da Rede Globo, mudando ainda mais a história do rap brasileiro. Com sua forte atuação, ele quebrou barreiras e abriu portas para outros artistas de rap e hip-hop.

SAIBA MAIS!

- De acordo com o rapper, E.M.I.C.I.D.A. é um acrônimo de *Enquanto Minha Imaginação Compuser Insanidades Domino a Arte*.

- Em 2010, vários trechos das músicas do rapper foram citados nas capas dos cadernos de prova do ENEM.

- Emicida foi considerado uma das maiores revelações do hip-hop do Brasil da década de 2000.

ENEDINA MARQUES

AMÉRICA DO SUL · BRASIL
1913 † 1981
PIONEIRA NA ENGENHARIA

Enedina Alves Marques nasceu em Curitiba, no dia 13 de janeiro de 1913. Ela era filha de uma doméstica, e as duas moravam com o empregador de sua mãe, que era delegado. Como tinha uma filha com a idade de Enedina, ele matriculou as duas na mesma escola particular.

Terminado o ensino básico, em 1945, Enedina se formou em engenharia civil pela Universidade Federal do Paraná, aos 32 anos de idade, tornando-se a primeira engenheira negra do Brasil. No ano seguinte, trabalhou como auxiliar de engenharia na Secretaria de Estado de Viação e Obras Públicas.

Enedina atuou em diversos cargos públicos até que, em 1947, foi transferida para o Departamento Estadual de Águas e Energia Elétrica, participando das obras de aproveitamento das águas dos rios Capivari, Cachoeira e Iguaçu. Suas principais obras são a Usina Capivari-Cachoeira, considerada seu maior feito como engenheira, a Casa do Estudante Universitário de Curitiba e o Colégio Estadual do Paraná.

Por ser uma mulher negra trabalhando em um ambiente ocupado por homens, Enedina sofreu muito preconceito, mas se manteve firme na luta por seus objetivos. Pioneira na engenharia, ela inspira muitas mulheres até hoje.

SAIBA MAIS!

- Na formatura do curso de engenharia, Enedina era a única negra de sua turma, formada por mais trinta engenheiros, todos homens e brancos.

- Em 2000, foi imortalizada no Memorial à Mulher, na capital do Paraná.

- Em 2006, foi fundado o Instituto de Mulheres Negras Enedina Alves Marques, em Maringá, Paraná.

FREDERICK DOUGLASS

- AMÉRICA DO NORTE · ESTADOS UNIDOS
- C. 1818 † 1895
- LÍDER ABOLICIONISTA

Frederick Augustus Washington Bailey nasceu por volta de 1818, em Maryland, nos Estados Unidos. Ele nasceu escravizado e tentou fugir quando tinha 15 anos, mas foi descoberto.

Finalmente, em 1838, conseguiu escapar para Nova Iorque e se instalou em Massachussetts. Em 1841, em uma convenção do movimento abolicionista, contou sua experiência como escravizado. Os líderes do movimento se comoveram tanto com a história que, por dois anos, ele foi contratado a ministrar centenas de palestras para o público antiescravagista.

Em 1845, publicou sua primeira autobiografia, *Relato da vida de Frederick Douglass: um escravo americano*, que vendeu trinta mil exemplares no Reino Unido e nos Estados Unidos, e foi traduzida para o francês, o holandês e o alemão. O sucesso do livro permitiu que ele viajasse e desse muitas palestras, usando o dinheiro que ganhou para finalmente comprar sua liberdade e, mais tarde, para publicar seu jornal, *The North Star* (A estrela do Norte).

Durante a Guerra Civil, Douglass participou de uma série de palestras e conferências, pressionando o presidente Abraham Lincoln a abolir a escravidão e aceitar homens negros nas Forças Armadas. Depois de alguns anos, o presidente finalmente cedeu.

Em 1888, a escritora e ativista Susan B. Anthony, fundadora do Conselho Internacional de Mulheres, apresentou Douglass como um dos pioneiros na defesa dos direitos femininos.

SAIBA MAIS!

- Frederick Douglass teve suas primeiras lições de alfabetização com a esposa de um de seus senhores. Mas as aulas foram interrompidas devido às leis que proibiam a alfabetização de escravizados. Ainda assim, estudou escondido e ensinou outros negros escravizados a ler.

- Seu discurso em 4 de julho de 1852 ficou famoso ao dizer que os Estados Unidos comemoravam uma independência que não era real, pois ainda havia escravidão no país.

- Frederick participava de uma rede secreta que ajudava escravizados a fugirem para os estados do Norte, para o México e para o Canadá.

GILBERTO GIL

- AMÉRICA DO SUL · BRASIL
- 1942
- ARTISTA DA PAZ

Gilberto Passos Gil Moreira nasceu no dia 26 de junho de 1942, em Salvador, Bahia. Aos 3 anos, depois de conhecer violeiros e sanfoneiros, bandas e cantadores, já queria ser músico. Além do contato com a música nordestina, Gil se familiarizou com as canções das rádios cariocas. Apaixonado pelo ritmo de baião de Luiz Gonzaga, aprendeu a tocar sanfona ainda na infância.

Aos 18 anos, estudou administração na Universidade Federal da Bahia, período em que participou de eventos musicais, tendo contato com a música erudita contemporânea.

Em 1962, conheceu grandes artistas brasileiros, como Caetano Veloso, Gal Costa, Maria Bethânia e Tom Zé. Juntos, eles transformariam a cultura do país. No final dos anos 1960, surgiu o movimento Tropicália, que misturava rock, samba, funk, soul e outros ritmos. Esse movimento foi considerado pela ditadura militar uma ameaça à ordem social, e Gil e Caetano, que eram seus fundadores, foram presos em 1968. Eles só foram soltos, em 1970, com a condição de que saíssem do país. Os dois se mudaram para Londres, onde Gil conheceu o reggae.

Gilberto Gil é um dos maiores nomes da música brasileira. Entre seus milhares de sucessos, estão *Sítio do Picapau Amarelo*, *Esperando na janela*, *Andar com fé* e *Aquele abraço*. O renomado cantor ganhou diversos prêmios, entre eles: dois Grammy, um Grammy Latino e o Polar Music Prize, conhecido como Nobel de Música.

SAIBA MAIS!

- Em 1999, Gilberto Gil foi nomeado "Artista da Paz", pela UNESCO.

- Gil foi ministro da Cultura do Brasil de 2003 a 2008.

- Em 2021, entrou para a Academia Brasileira de Letras.

- O artista lançou mais de cinquenta álbuns com uma mistura de gêneros: além da música brasileira, há influências de música africana, funk, rock e reggae.

GRACE PASSÔ

- AMÉRICA DO SUL · BRASIL
- 1980
- DRAMATURGA E ATRIZ PREMIADA

Grace Anne Paes de Souza, mais conhecida como Grace Passô, nasceu em Minas Gerais, em 20 de maio de 1980. Atriz, dramaturga, diretora e curadora, desde pequena, teve contato com a arte, ouvindo a mãe conversar com seus irmãos sobre música e teatro.

Estudou teatro no Centro de Formação Artística da Fundação Clóvis Salgado, em Belo Horizonte. Atuou e dirigiu diversas peças, tendo sido reconhecida com vários prêmios.

Com metáforas que mostram uma mistura das forças entre a ficção e a realidade, suas peças chamam atenção por promover uma interação entre os atores e o público, promovendo na plateia a experiência do teatro.

Sua peça *Amores surdos* (2006) aborda a falta de escuta nas relações familiares, situação muito comum na atualidade. Já a peça *Por Elise* (2012) é uma reflexão crítica sobre as contradições do comportamento e dos sentimentos humanos.

Em seu trabalho mais recente, o longa-metragem *Temporada* (2018), Grace interpreta a protagonista Juliana. A obra aborda a solidão da mulher negra e a feminilidade, exaltando os espaços urbanos e criando lindos cenários com paisagens simples. Por sua atuação, ela recebeu o prêmio de melhor atriz no Festival de Brasília e no Festival de Turim, na Itália. Grande nome feminino da dramaturgia, para Grace: "a arte está em todo lugar".

SAIBA MAIS!

- Os textos teatrais de Grace já foram publicados em português, francês, italiano, espanhol, mandarim, inglês e polonês.

- Em 2004, Grace criou com jovens atores e atrizes um grupo chamado "Espanca!". Juntos, eles realizam um trabalho de teatro e poesia que aborda o cotidiano e a falta de comunicação humana.

- Em 2019, Grace recebeu uma homenagem da 22ª Mostra de Cinema de Tiradentes, por seu olhar e suas perspectivas para o futuro.

GRANDE OTELO

AMÉRICA DO SUL · BRASIL
1915 † 1993
ATOR HISTÓRICO

Grande Otelo, pseudônimo de **Sebastião Bernardes de Souza Prata**, nasceu em Uberlândia, em 18 de outubro de 1915. Foi um grande ator, comediante, cantor, produtor e compositor brasileiro.

Aos 7 anos, participou da apresentação de um circo que passou em sua cidade. Com seu jeito e carisma, o menino conquistou o público. Então, com apenas 11 anos, entrou para uma organização teatral chamada Companhia Negra de Revista, composta exclusivamente por artistas negros, entre eles, Pixinguinha, que era o maestro.

Em 1932, ingressou em outra companhia, a Jardel Jércolis, um dos pioneiros do teatro de revista (espetáculo teatral caracterizado por números falados, musicais, coreográficos e humorísticos). Mudando-se para o Rio de Janeiro, o artista acreditava que se tornaria um grande astro. Ali, ele atuou em vários espetáculos no Cassino da Urca, em uma época em que os negros não eram autorizados a entrar pela porta da frente.

Nos anos 1940 e 1950, estrelou grandes sucessos com Oscarito, seu parceiro de tela. Fez inúmeros dramas e comédias, em diversas peças e no cinema. Entre seus filmes mais conhecidos, está a versão cinematográfica de *Macunaíma*, de 1969.

Grande Otelo era um artista multimídia: trabalhou no teatro, no rádio, no cinema e na televisão. É considerado um dos atores mais importantes da história do Brasil.

SAIBA MAIS!

- Quando o jovem fazia aulas de canto lírico, recebeu o apelido de "Pequeno Otelo", por sua baixa estatura. Mais tarde, a crítica o apelidou de "Grande Otelo", por sua atuação.

- Foi o primeiro artista negro a ocupar espaço de destaque no cinema e na televisão brasileira.

- Em 1960, foi contratado pela TV Globo, atuando em muitas novelas e programas humorísticos de sucesso.

HARRIET TUBMAN

🇺🇸 **AMÉRICA DO NORTE · ESTADOS UNIDOS**
⭐ **C. 1820 ✝ 1913**
HEROÍNA DO POVO

Araminta Ross nasceu escravizada, em torno de 1820, em Maryland, nos Estados Unidos. Aos 5 anos de idade, começou a trabalhar como babá e, mais tarde, como ajudante no campo, cozinheira e lenhadora. Filha de escravizados, ela viu os irmãos serem vendidos, e isso lhe marcou profundamente.

Em 1844, por volta dos 20 anos, ela se casou com John Tubman, um homem negro livre e passou a usar o nome Harriet Tubman, sendo Harriet o primeiro nome de sua mãe.

Em 1849, ouviu rumores de que seria vendida e fugiu para a Filadélfia. No ano seguinte, ela libertou a irmã e dois filhos, que viviam na condição de escravizados.

Harriet fez outras viagens perigosas para libertar vários escravizados, chegando a ajudar mais de trezentas pessoas. Por causa de suas ações, os donos de escravizados ofereceram uma recompensa de quarenta mil dólares para encontrá-la.

Felizmente, ela nunca foi capturada e, mais tarde, tornou-se uma grande líder abolicionista. Participou de ações antiescravistas, inclusive ajudando o Exército da União durante a Guerra Civil.

SAIBA MAIS!

◉ Por ajudar na fuga dos escravizados, foi apelidada de "Moisés de seu povo".

◉ Harriet participou de muitas ações antiescravistas e foi ativa na luta pelo sufrágio feminino, que daria às mulheres direito de votar nas eleições.

◉ Tubman acolhia órfãos e idosos no Lar Harriet Tubman para Negros Idosos Indigentes, que mais tarde teve o apoio de abolicionistas e cidadãos da região.

◉ Em 2019, a história de Harriet Tubman foi levada aos cinemas. Com direção de Kasi Lemmons, o filme conta parte da trajetória da líder abolicionista.

ILWAD ELMAN

- ÁFRICA · SOMÁLIA
- 1989
- ATIVISTA DA PAZ

Ilwad Elman nasceu no ano de 1989 em Mogadíscio, na Somália. Seus pais eram ativistas sociais que promoviam a paz. Por causa dos perigos da guerra, Ilwad e a mãe deixaram o país e encontraram refúgio no Canadá. Mas seu pai foi assassinado quando ela tinha apenas 6 anos.

Quando retornou com a mãe para a Somália, aos 19 anos, o conflito ainda não tinha terminado. Em homenagem ao falecido marido, sua mãe fundou o *Elman Peace and Human Rights Centre*. Trata-se de uma ONG que busca garantir a segurança do povo, por meio de um espaço inclusivo e empoderador para mulheres, pessoas vulneráveis e vítimas de abuso e violência, e promover programas de desarmamento e reabilitação de crianças-soldados e adultos que fugiram de exércitos extremistas.

Especialista em gestão de conflitos, Ilwad criou uma estratégia para alcançar a paz em tempos de guerra, e seus métodos estão sendo usados em toda a África. Ela se tornou consultora especialista da ONU, elaborando uma política para o Conselho de Segurança da organização. Com isso, tornou-se a conselheira mais jovem do Fundo de Consolidação da Paz das Nações Unidas.

Com suas ações em prol do seu povo, Ilwad é uma inspiração para os habitantes de seu país, um símbolo de esperança não apenas para a Somália, mas para o mundo.

SAIBA MAIS!

- Em 2019, Ilwad foi indicada ao prêmio Nobel da Paz.

- Aos 30 anos, Ilwad foi homenageada em Berlim como uma das principais vozes da Somália, recebendo o Prêmio África, promovido pela Alemanha, em 2020.

- Por seus esforços para promover a paz e os direitos humanos na Somália, em 2022, recebeu o prêmio Right Livelihood, conhecido como Nobel alternativo.

INGRID SILVA

- AMÉRICA DO SUL · BRASIL
- 1988
- GRANDE NOME DO BALÉ

Ingrid Santos da Silva nasceu em 24 de novembro de 1988 no Rio de Janeiro. De família humilde, aos 8 anos, ela começou a fazer aulas de balé por meio do projeto social "Dançando para não dançar", que acolhia alunos que não tinham condições de pagar as aulas.

Desde pequena, Ingrid admirava as dançarinas profissionais brasileiras, como Ana Botafogo e Mercedes Baptista, bailarina negra responsável por criar o balé afro-brasileiro. Ela não tinha muitas referências de bailarinos negros, o que despertou seu desejo de aumentar a visibilidade dos afro-brasileiros no balé.

Com uma bolsa de estudos, Ingrid entrou para uma escola de balé em Nova Iorque. Uma vez que a dança clássica era dominada pela cultura europeia, quase todos os dançarinos eram brancos, e as sapatilhas sempre cor-de-rosa. Então, por mais de dez anos, ela pintou de marrom suas sapatilhas, para que ficassem da cor da sua pele. Foi graças a essa iniciativa que sugiram sapatilhas em diferentes tons.

Por causa de sua determinação, Ingrid venceu muitas barreiras e, hoje, é a bailarina principal da *Dance Theater of Harlem*, companhia e escola de balé de Nova Iorque. Para promover maior diversidade na dança, ela sempre participa de ações comunitárias e se apresenta em eventos internacionais como artista convidada.

A bailarina, que na infância não via bailarinos parecidos com ela, acredita que a presença de dançarinos negros é fundamental para influenciar as novas gerações.

SAIBA MAIS!

- Em 2019, o Museu Nacional de Arte Africana Smithsonian, nos Estados Unidos, passou a exibir um par de sapatilhas que a bailarina pintava de marrom.

- Em 2020, Ingrid apareceu em um anúncio da Nike, narrado por Serena Williams, comemorando o Mês da História Negra.

- Ela criou a *EmpowerHer NY*, plataforma de networking que ela define como um ambiente seguro para mulheres de todo o mundo discutirem suas experiências e conquistas.

JAQUELINE GOES DE JESUS

AMÉRICA DO SUL · BRASIL

1989

CIENTISTA DA ATUALIDADE

Jaqueline Goes de Jesus nasceu em Salvador, no dia 19 de outubro de 1989. Seus pais eram de origem humilde, mas sempre incentivaram a filha a se dedicar aos estudos.

Depois de muitas noites em claro estudando, Jaqueline se formou em biomedicina, fez mestrado em biotecnologia e doutorado em patologia humana e experimental.

Ficou conhecida por seu trabalho no sequenciamento genético (que significa encontrar cada detalhe da estrutura do DNA) do Zika vírus. Em 2020, ficou famosa no mundo inteiro, após ter coordenado a equipe responsável pelo sequenciamento genético do coronavírus 2019 em tempo recorde, apenas 48 horas depois do primeiro caso de COVID-19 no Brasil (os outros países demoraram em média quinze dias para realizar o sequenciamento).

Jaqueline foi a primeira mulher negra e nordestina a obter visibilidade mundial no meio científico. Em uma entrevista, disse que a fama foi inesperada, mas percebeu que poderia se tornar uma referência para mulheres negras em todo o mundo.

Jaqueline sempre estudou e trabalhou com homens brancos. No caminho, encontrou muitas dificuldades em sua área, e demorou para perceber que era por causa da cor de sua pele. Hoje, além de cientista, é influenciadora e dá entrevistas e palestras, incentivando a presença de negros na ciência.

SAIBA MAIS!

- Por sua atuação científica e em defesa da saúde e do SUS, Jaqueline foi homenageada pelo Conselho Nacional de Saúde com a Comenda Zilda Arns 2020.

- Em 2020, a Mauricio de Sousa Produções homenageou Jaqueline, que ganhou uma personagem na Turma da Mônica na ação "Donas da rua".

- Em 2021, a empresa Mattel homenageou a pesquisadora, criando sua boneca, na categoria Cientistas Heroínas. A boneca é um símbolo de representatividade para as crianças, principalmente as negras.

KATHERINE JOHNSON

- AMÉRICA DO NORTE · ESTADOS UNIDOS
- 1918 † 2020
- CIENTISTA INSPIRADORA

Katherine Coleman Goble Johnson nasceu na Virgínia Ocidental, nos Estados Unidos, em 26 de agosto de 1918. Tinha muita facilidade com cálculos. Aluna excepcional, começou o ensino médio aos 10 anos de idade, e a faculdade aos 15. Já aos 18 anos, ensinava matemática para alunos negros.

Em 1939, foi selecionada para estudar na Universidade da Virgínia Ocidental, sendo a primeira mulher negra a conseguir esse feito. Com isso, deixou o emprego de professora e se matriculou na pós-graduação em matemática.

Já formada, em 1953, começou a trabalhar com matemática e computação no laboratório *Langley* no *National Advisory Committee for Aeronautics* (Comitê Nacional de Aeronáutica), que mais tarde se tornaria a NASA. Com outras mulheres, ela fazia cálculos difíceis e precisos de navegação, para que os astronautas pudessem ir ao espaço em segurança.

Ainda trabalhando na NASA, em 1961, ela ajudou a calcular a trajetória do primeiro voo espacial humano de seu país. Em 1962, o astronauta John Glenn pediu pessoalmente que Katherine fizesse à mão os cálculos que já tinham sido feitos pelos computadores, pois confiava mais nos cálculos dela do que nas máquinas. Em 1969, ela ainda calculou as trajetórias da missão Apollo 11, que levaria Neil Armstrong à Lua.

Apesar de toda a sua contribuição, Katherine só ganhou fama mundial após 2016, quando sua história foi contada no filme *Estrelas além do tempo*.

SAIBA MAIS!

⊙ Na NASA, Katherine quebrou barreiras raciais, conseguindo permissão para usar o banheiro próximo ao seu setor, que era destinado apenas a mulheres brancas.

⊙ Em 2015, aos 97 anos, ela recebeu do presidente Barack Obama a Medalha Presidencial da Liberdade, a maior honra civil dos Estados Unidos.

⊙ Em 2016, entrou para a lista da BBC das cem mulheres mais inspiradoras e influentes.

⊙ Katherine nasceu no dia 26 de agosto, Dia da Igualdade da Mulher.

LÁZARO RAMOS

- AMÉRICA DO SUL · BRASIL
- 1978
- ATOR E ATIVISTA RENOMADO

Luís Lázaro Sacramento de Araújo Ramos é um ator, apresentador, cineasta, dublador e escritor brasileiro.

Nasceu em Salvador, em 1º de novembro de 1978, e cresceu na periferia, onde adquiriu muita riqueza cultural.

Aos 10 anos, começou a se apresentar no teatro da escola e, em 1994, entrou para o projeto "Bando do Teatro Olodum", formado por atores negros.

Começou no cinema em 1995 com pequenas participações, mas, em 2002, foi protagonista do filme *Madame Satã*, que, em 2015, entrou para a lista dos cem melhores filmes brasileiros de todos os tempos. Em 2007, o ator conquistou o público com o papel de Foguinho na novela *Cobras & Lagartos*, e foi indicado ao Emmy de melhor ator.

Hoje, ele é um dos atores mais reconhecidos do cinema nacional. Participou de mais de trinta programas de TV, novelas, séries, além de atuar como apresentador. Em 2019, recebeu o Troféu Oscarito, prêmio dedicado a atores e atrizes que marcaram o cinema brasileiro.

Escreveu quatro livros infantis, entre eles *A velha sentada*, que fala sobre a relação das crianças com a internet e a imaginação. O livro deu origem à peça *A menina Edith e a velha sentada*, vencedor do Prêmio CBTIJ de Teatro Infantil, em 2015.

Embaixador do UNICEF desde 2009, é um ativista dos direitos humanos e da conscientização contra o racismo.

SAIBA MAIS!

- Em 2011, seu programa *Espelho* recebeu o prêmio Camélia da Liberdade, que homenageia personalidades que promovem ações para diminuir as desigualdades raciais e sociais.

- Em 2017, publicou o livro *Na minha pele*, com reflexões sobre a questão racial e aceitação das diferenças.

- Com o livro autobiográfico *Na minha pele*, Lázaro Ramos foi o autor mais vendido na Festa Literária Internacional de Paraty, realizada em 2017.

LEWIS HAMILTON

- EUROPA · INGLATERRA
- 1985
- MELHOR PILOTO DE TODOS OS TEMPOS

Lewis Carl Davidson Hamilton nasceu na Inglaterra, em 7 de janeiro de 1985. Começou a carreira de piloto aos 8 anos de idade, e aos 10 ganhou o Campeonato Britânico de Kart.

Em 2007, com pouco mais de 20 anos, estreou na Fórmula 1 como piloto da equipe McLaren, terminando o torneio como vice-campeão.

No ano seguinte, conquistou seu primeiro título na competição e se tornou o primeiro negro a ser campeão de Fórmula 1. Contratado pela Mercedes-Benz em 2012, foi campeão em 2014, 2015, 2017, 2018, 2019 e 2020.

A carreira automobilística de Hamilton acumula inúmeras conquistas. Em 2022, ele alcançou cento e três vitórias, ultrapassando Michael Schumacher.

Com sua incrível performance nas pistas, Hamilton conseguiu a façanha de se tornar uma referência em um dos esportes mais elitizados do mundo. Além disso, é o segundo piloto negro da história do automobilismo profissional – o primeiro foi Willy T. Ribbs –, um dos pilotos mais bem-sucedidos de todos os tempos. Nas palavras de Willy T. Ribbs, "não veremos outro piloto obter tantas conquistas quanto Lewis Hamilton pelos próximos duzentos anos".

SAIBA MAIS!

- Em 2001, usou as redes sociais para incentivar seus seguidores a apoiar o movimento *Black Lives Matter* (Vidas Negras Importam), que promove a igualdade racial.

- Hamilton é apaixonado pelo Brasil. O piloto brasileiro Ayrton Senna foi seu ídolo de infância e sua maior inspiração.

- Recebeu em 2021 o título de Cavaleiro da Ordem do Império Britânico.

- Em 2022, foi homenageado na Câmara dos Deputados no Brasil com o título de cidadão honorário brasileiro.

LIMA BARRETO

 AMÉRICA DO SUL · BRASIL
 1881 † 1922
 REFERÊNCIA DA LITERATURA NEGRA

Afonso Henriques de Lima Barreto nasceu em 13 de maio de 1881 no Rio de Janeiro, pouco antes da Abolição da Escravatura. Após terminar o colégio, ingressou no curso de engenharia em 1897, mas teve de abandoná-lo. Com a morte da mãe, precisou trabalhar para ajudar o pai no sustento de seus irmãos. Posteriormente, Barreto foi aprovado em concurso, obtendo estabilidade financeira. Assim, nesse período, passou a escrever contos e publicar suas obras.

Barreto não concordava com o cenário político da época e criticava o nacionalismo exagerado. Além disso, a situação social do autor fez de sua obra um relato autêntico de um povo vulnerável, retratando a burguesia, a opressão e a busca pelo poder político. Seus escritos abordam o preconceito racial sofrido pelos negros e mestiços.

Como sofria muito preconceito, ele chegou a imaginar que, por não ser branco, seu sonho de se tornar escritor estava ameaçado. Isso trouxe uma profunda depressão para o autor, que mais tarde sofreu com o alcoolismo.

Barreto escreveu muitos contos, crônicas e romances. Sua obra mais famosa, o romance *Triste fim de Policarpo Quaresma*, foi publicada pela primeira vez em formato de folhetim em 1911, ao longo de três meses. Com o tema das contradições na sociedade e da política brasileira, é uma das principais obras pré-modernistas no Brasil.

SAIBA MAIS!

- Foi recusado três vezes pela Academia Brasileira de Letras.

- É considerado um dos fundadores da literatura negra ou afro-brasileira e um dos escritores brasileiros mais relevantes do início do século XX.

- Em 2017, o autor foi homenageado na Festa Literária Internacional de Paraty, no Rio de Janeiro.

MACHADO DE ASSIS

- AMÉRICA DO SUL · BRASIL
- 1839 † 1908
- RENOMADO ESCRITOR BRASILEIRO

Joaquim Maria Machado de Assis nasceu em 21 de junho de 1839, no Rio de Janeiro. Neto de ex-escravizados, ele vivenciou momentos importantes da história, como a Abolição da Escravatura, em 1888, e a Proclamação da República, em 1889.

Machado escreveu romances, poemas, contos, crônicas, críticas literárias e peças de teatro, além de ter editado seus próprios livros e atuado como tradutor. Sua origem humilde e suas vivências são refletidas em sua obra, que trata de temas como a escravidão, o racismo, a política e as diferenças sociais.

Em 1869, ele se casou com a irmã de um amigo, Carolina Augusta Xavier de Novais. Juntos por trinta e cinco anos, ela foi responsável por lhe mostrar os clássicos portugueses e vários autores de língua inglesa.

O primeiro romance de Machado, *Ressurreição*, foi publicado em 1872. Depois disso, ele escreveu várias obras, que primeiro eram publicadas em folhetins, depois em formato de livro.

Os romances *Memórias póstumas de Brás Cubas* (1881), *Quincas Borba* (1891) e *Dom Casmurro* (1899) foram os mais marcantes do escritor, por trazerem o novo estilo de Machado, o Realismo, o que foi uma inovação para a literatura brasileira. Por esse motivo, eles são conhecidos entre os críticos modernos como a "trilogia realista", além de serem uma herança valiosa do autor.

SAIBA MAIS!

- Em 1896, fundou com outros intelectuais a Academia Brasileira de Letras. E nomeado para a cadeira número 23, tornou-se o primeiro presidente, cargo que ocupou até sua morte.

- Sua obra é conhecida como obra machadiana, termo que remete ao seu nome.

- O romance *Memórias póstumas de Brás Cubas* foi adaptado para o cinema em 2001, considerado o melhor filme do Festival de Cinema de Gramado.

MARIA FIRMINA DOS REIS

AMÉRICA DO SUL · BRASIL
1822 ✝ 1917
ROMANCISTA PIONEIRA

Maria Firmina dos Reis nasceu no dia 11 de março de 1822, em São Luís, no Maranhão. Filha de mãe branca e de pai negro, ficou órfã aos 5 anos de idade, mudando-se para o interior do estado para morar com a tia.

Firmina era autodidata (aprendia sozinha) e sempre gostou de ler. Teve contato com a literatura na infância, por influência de alguns de seus parentes que frequentavam o ambiente cultural. Na imprensa, publicou poesia, ficção, crônicas, enigmas e charadas.

Aos 25 anos, foi a primeira mulher aprovada em um concurso público no Maranhão, exercendo o cargo de professora de primário. Sustentou-se sem a ajuda de ninguém, algo muito incomum para mulheres na época. Nesse período, já se posicionou contra a escravidão.

Sua obra foi um verdadeiro protesto. Seu primeiro romance, *Úrsula* (1859), fez uma crítica aos europeus traficantes de escravos e denunciou o sofrimento dos escravizados e das mulheres no século XIX. Mas a obra ficou esquecida por muito tempo, até que em 1962 foi recuperada por um historiador.

Infelizmente, parte do arquivo pessoal de Firmina foi perdida, por isso não sabemos muito sobre sua vida e outras obras. Sua história está sendo escrita até hoje.

Em uma época em que as mulheres não tinham voz, Firmina foi a primeira escritora negra da literatura brasileira. Por isso, merece que seu nome e suas obras sejam reconhecidos dentro do universo literário e como referências de luta e resistência.

SAIBA MAIS!

- Maria Firmina dos Reis é considerada a primeira romancista brasileira.

- *Úrsula* foi o primeiro romance publicado por uma mulher negra em todos os países de língua portuguesa e, possivelmente, em toda a América Latina.

- Firmina fundou a primeira escola mista do país. Mas como a iniciativa provocou descontentamento em parte da sociedade, infelizmente a escola funcionou por pouco tempo.

- A foto da escritora branca Maria Benedita Borman já circulou pela internet como se fosse de Maria Firmina. Na verdade, não há registros de fotos de Firmina.

MARIELLE FRANCO

AMÉRICA DO SUL · BRASIL
1979 † 2018
MILITANTE DOS DIREITOS HUMANOS

Nascida em 27 de julho de 1979, no Rio de Janeiro, **Marielle Francisco (Franco) da Silva** foi uma socióloga e militante dos direitos humanos. Criada na Favela da Maré, participou ativamente na política como vereadora, lutando pelos direitos de pessoas negras e pobres.

Em 1998, fez um curso pré-vestibular comunitário, criado pelos moradores da Maré. Em 2002, foi aprovada na universidade e ganhou uma bolsa para cursar ciências sociais. Alguns anos depois, fez mestrado em administração pública.

Candidatou-se a vereadora do Rio de Janeiro e conseguiu o apoio de pessoas de diversas classes e origens. Eleita em 2016, atuou pelos direitos das mulheres e da população das favelas, denunciando grandes esquemas de corrupção na cidade.

Em 2018, foram criadas as Unidades de Polícia Pacificadora (UPPs). Marielle, em sua dissertação de mestrado, analisou as UPPs e apresentou alternativas para mudar a segurança pública, criando políticas que não enxergassem os favelados como inimigos, mas como cidadãos.

Em sua trajetória, a socióloga coordenou a Comissão de Defesa dos Direitos Humanos e Cidadania da Assembleia Legislativa do Rio, prestando apoio jurídico e psicológico às famílias das vítimas de violência. Também apoiou familiares de policiais militares mortos em serviço, para que recebessem seus direitos por lei.

Em março de 2018, voltando de carro de um evento, Marielle e seu motorista, Anderson Gomes, foram assassinados em uma emboscada. Apesar do trágico ocorrido, os ideais de Marielle seguem vivos por meio das pessoas que apoiam sua luta.

SAIBA MAIS!

- Em 2016, Marielle foi a quinta vereadora mais votada da cidade.

- Foi inaugurado em Paris, em 2019, um jardim suspenso em homenagem a Marielle Franco.

- Em busca de justiça, sua família criou o Instituto Marielle Franco, uma ONG que visa defender a memória e multiplicar o legado de Marielle.

MARTA VIEIRA DA SILVA

AMÉRICA DO SUL · BRASIL

1986

MAIOR JOGADORA DA HISTÓRIA

Marta Vieira da Silva nasceu no interior de Alagoas, em 19 de fevereiro de 1986.

Quando pequena, gostava de jogar futebol com os meninos, e já demonstrava muita habilidade com a bola. Marta ajudava nas contas de casa empurrando carrinhos de feira, vendendo geladinho (sacolé), lavando pratos, entre outros serviços que encontrava.

Aos 14 anos, foi contratada pelo Vasco da Gama, clube pelo qual jogou por três anos. Pouco tempo depois, passou a jogar em um clube da Europa. Aos 17 anos, participou de sua primeira Copa do Mundo, marcando três gols.

Com a seleção brasileira, Marta foi campeã nos Jogos Pan-americanos de 2003 e de 2007, além de vice-campeã nas Olimpíadas de 2004 e 2008.

Foi a primeira atleta a fazer gols em cinco edições da Copa do Mundo. Em 2015, com cento e dezessete gols pela seleção, superou Pelé, que marcou noventa e cinco gols. No mesmo ano, tornou-se a maior goleadora da história da Copa do Mundo de futebol feminino.

Marta recebeu diversos prêmios e homenagens, como o Bola de Ouro, em 2004 e 2007, e o Chuteira de Ouro, em 2007. Foi eleita seis vezes como a melhor jogadora do mundo pela FIFA. Em 2018, a ONU a nomeou Embaixadora da Boa Vontade para mulheres e meninas no esporte.

SAIBA MAIS!

- Marta é a única mulher na calçada da fama do estádio do Maracanã. Sua marca está em um espaço chamado "Rainha Marta".

- Fez cento e oito gols pela seleção brasileira, dezessete deles em Copas do Mundo.

- Marta já jogou em onze times, do Brasil, dos Estados Unidos e da Suécia.

MARTIN LUTHER KING JR.

- AMÉRICA DO NORTE · ESTADOS UNIDOS
- 1929 † 1968
- PORTA-VOZ DOS DIREITOS CIVIS

Martin Luther King Jr. nasceu em 15 de janeiro de 1929, em Atlanta, na região Sul dos Estados Unidos. Foi um grande ativista e líder dos direitos civis.

King era de uma grande família de classe média. O avô e o pai eram pastores de igreja, por isso, decidiu seguir pelo mesmo caminho.

Naquela época, na região em que morava, as pessoas negras e as brancas iam para escolas separadas e não podiam frequentar os mesmos espaços. Então, ao passar um verão no Norte do país, o menino ficou surpreso, pois as pessoas viviam juntas de forma pacífica, frequentando os mesmos ambientes. Depois disso, inconformado com a divisão racial que acontecia em sua cidade e no Sul dos Estados Unidos, King passou a lutar pelo fim da segregação no país.

Conheceu a filosofia de não violência de Mahatma Gandhi e decidiu servir a humanidade. Formou-se em sociologia e se tornou doutor em teologia, estudando a relação humana com Deus.

Por causa de suas inúmeras ações em prol da igualdade racial, King tornou-se porta-voz dos direitos civis em todo o país. Foi morto em 1968, quando tinha 39 anos.

SAIBA MAIS!

- Em 1963, seu discurso "Eu tenho um sonho" reuniu mais de duzentas e cinquenta mil pessoas. No ano seguinte, foi aprovada uma lei que proibia qualquer discriminação racial.

- King foi um grande líder cristão em seu país, promovendo táticas não violentas para alcançar os direitos civis. Ele recebeu o Prêmio Nobel da Paz em 1964.

- Nos Estados Unidos, em 1983, foi instaurado o Dia de Martin Luther King, feriado nacional em sua homenagem.

MICHAEL JACKSON

- AMÉRICA DO NORTE · ESTADOS UNIDOS
- 1958 † 2009
- ÍCONE MUSICAL

Michael Joseph Jackson nasceu em Gary, Indiana, em 29 de agosto de 1958. Foi um cantor, compositor, dançarino e produtor musical que também atuou como ativista, filantropo e pacifista.

Michael cresceu em uma família de músicos e amantes da música. Por isso, já aos 5 anos, iniciou sua carreira no grupo The Jackson 5, com quatro de seus irmãos. Ele era o mais novo dos cinco, mas seu jeito único de dançar conquistou o público.

Em meados da década de 1970, o grupo perdeu a popularidade. Por isso, com o tempo, acabou sendo desfeito. Michael então seguiu carreira solo e seu sucesso só aumentou.

O álbum *Off the wall* (1979) superou as expectativas e foi o mais vendido do ano, com repercussão internacional. Já *Thriller* (1982) chegou à marca de álbum mais vendido de todos os tempos, garantindo ao artista oito de seus treze prêmios Grammy.

Conhecido como o "Rei do pop", Michael possibilitou que outros artistas negros fizessem sucesso no rádio e na televisão. Ao contrário de boatos, ele não fazia procedimentos para se tornar branco. O astro sofria de uma doença chamada vitiligo.

Em suas famosas músicas, Michael falava sobre injustiça social e problemas políticos. Além de um grande artista, foi ativista da causa contra o racismo, o ódio e a intolerância.

SAIBA MAIS!

- Michael veio para o Brasil três vezes. Em 1996, sua última visita ao país, gravou o clipe *They Don't Care About Us*, no Pelourinho, em Salvador.

- Todo o valor arrecadado com a música *We Are The World* foi usado para ajudar crianças carentes na África.

- Entrou para o Hall da Fama do Rock & Roll duas vezes: em 1997, como membro do The Jackson 5 e, em 2001, por sua carreira solo.

MILTON NASCIMENTO

- AMÉRICA DO SUL · BRASIL
- 1942
- GRANDE VOZ DA MPB

Milton Silva Campos do Nascimento, conhecido como Bituca, nasceu no Rio de Janeiro em 1942. Ainda bebê, perdeu a mãe para a tuberculose e foi adotado por Josino Campos e Lília Silva Campos. Aos 2 anos, mudou-se para Três Pontas, em Minas Gerais. O cantor, compositor e multi-instrumentista teve grande contato com a música desde a infância, quando ganhou uma gaita e uma sanfona, e foi aperfeiçoando os sons dos instrumentos e o de sua voz.

Em 1967, a canção *Travessia* venceu o 2º Festival Internacional da Canção, marcando sua entrada definitiva no cenário musical brasileiro.

Nos anos 1970, tornou-se um dos maiores artistas da MPB, com destaque para o álbum *Clube da esquina*, que teve a colaboração de vários artistas, misturando gêneros como bossa nova, jazz, rock e música progressiva. Inovador, o álbum influenciou gerações de músicos em todo o mundo. O *Clube da esquina* foi inspirado no movimento de mesmo nome, criado por Milton e pelos irmãos Márcio e Lô Borges, que revolucionou a música brasileira.

Além da música, Milton sempre esteve engajado em questões sociais e políticas, especialmente durante a ditadura militar, usando a arte como forma de resistência e reflexão sobre temas como justiça, liberdade e identidade cultural. Milton recebeu diversos prêmios e é um dos artistas mais respeitados da música brasileira e internacional.

SAIBA MAIS!

- O apelido Bituca foi criado pela mãe adotiva de Milton. Ela o chamava assim porque, quando ele ficava emburrado, fazia bico. O apelido é usado até hoje.

- Em 1981, ao presenciar a celebração da missa dos quilombos em Recife, Milton ficou emocionado e teve a ideia para o álbum *Missa dos quilombos*.

- A música *Canção da América* foi escrita originalmente em inglês por Milton durante uma viagem aos Estados Unidos.

NELSON MANDELA

- ÁFRICA · ÁFRICA DO SUL
- 1918 † 2013
- UM LÍDER MEMORÁVEL

Nelson Rolihlahla Mandela nasceu na África do Sul, em 18 de julho de 1918. Nascido em uma família da aristocracia, teve influência europeia e africana em sua formação cultural e intelectual.

Em 1944, ele se juntou ao Congresso Nacional Africano (ANC), um grupo de libertação negra. Mais tarde, tornou-se líder do grupo na luta contra as políticas de segregação da época.

Com formação em direito, em 1952, criou o primeiro escritório administrado por negros. No mesmo ano, ajudou a lançar a campanha contra as leis de segregação, que eram resultado de um regime denominado apartheid.

Durante sua campanha, marcada por protestos pacíficos, viajou pelo país a fim de apoio para sua luta. Em 1955, participou da elaboração da Carta da Liberdade, que pedia o fim da discriminação racial na África do Sul.

Por seu ativismo, ficou proibido de viajar, sendo condenado à prisão perpétua em 1964. Não mudou suas posições políticas em troca da liberdade, o que aumentou sua reputação e fez dele um símbolo de resistência, além de líder mais importante da África do Sul.

Depois de vinte e sete anos, foi libertado em 11 de fevereiro de 1990 e continuou sua luta pela paz. Em 1994, tornou-se o primeiro presidente eleito de forma democrática na África do Sul.

SAIBA MAIS!

- Em 1993, ganhou o Prêmio Nobel da Paz por suas contribuições para a democracia e o fim do apartheid.

- A primeira vez que Nelson Mandela pôde votar foi em 1994, ano em que se tornou presidente.

- Fundou a *Nelson Mandela Children's Fund*, uma ONG com a missão de dar voz e dignidade às crianças africanas.

PELÉ

🗺 AMÉRICA DO SUL · BRASIL
⭐ 1940 ✝ 2022
🏃 REI DO FUTEBOL

Edson Arantes do Nascimento, mais conhecido como Pelé, nasceu em 23 de outubro de 1940, na cidade de Três Corações, Minas Gerais. Sua família, porém, mudou-se para Bauru, cidade onde Pelé começou a jogar futebol.

Aos 15 anos, em 1956, foi contratado pelo time Santos. Logo no início da carreira, marcou muitos gols e, em 1957, foi convocado para a seleção brasileira. Nos anos que seguiram, o jogador fez história: na Copa do Mundo de 1958, o Brasil foi campeão e, com apenas 17 anos, Pelé se tornou o "Rei do futebol".

Com a participação do craque, o Brasil conquistou o bicampeonato mundial em 1962 e o tri em 1970, Copa que ficou marcada por sua brilhante atuação nos jogos. Foi um dos momentos mais importantes de sua carreira.

Com 1.281 gols em 1.363 jogos, Pelé é o maior artilheiro do Santos e o maior goleador da história. Sua despedida oficial do futebol foi em 1977. Por suas habilidades técnicas excepcionais, Pelé é admirado em todo o mundo, sendo o jogador mais famoso do planeta.

Após a aposentadoria, Pelé atuou como Embaixador da Boa Vontade da UNESCO, trabalhando em conjunto com a ONU para promover a paz e a reconciliação internacional por meio de jogos amistosos.

SAIBA MAIS!

- Em 19 de novembro de 1969, no estádio do Maracanã, Pelé tinha apenas 29 anos quando marcou seu milésimo gol, com a camisa do Santos.

- Foi nomeado "Atleta do século" em 1980, pelo jornal francês *L'Équipe* e, em 1999, pelo Comitê Olímpico Internacional.

- Em 1978, Pelé recebeu o Prêmio Internacional da Paz. Além disso, entrou para o Hall da Fama do Futebol Nacional em 1993.

REBECA ANDRADE

- AMÉRICA DO SUL · BRASIL
- 1999
- GINASTA OLÍMPICA

Rebeca Rodrigues de Andrade nasceu em Guarulhos, em 8 de maio de 1999. Começou a praticar ginástica artística aos 4 anos em um projeto social da prefeitura de sua cidade. Aos 13 anos, venceu o Troféu Brasil, seu primeiro campeonato como ginasta profissional.

Em 2015, participou da Copa do Mundo de Ginástica na Eslovênia, ganhando o bronze, sua primeira medalha mundial. Dois anos depois, em 2017, ganhou medalha de ouro no salto.

Nos jogos de Tóquio, em 2020, Rebeca ganhou a primeira medalha da ginástica feminina em Olimpíadas. Também levou a prata na disputa individual geral (soma dos quatro aparelhos), conquistas que fizeram dela a primeira ginasta campeã olímpica do Brasil e a primeira atleta brasileira a obter duas medalhas em uma Olimpíada.

Em 2021, no Mundial de Kitakyushu, no Japão, quebrou mais um recorde: ao ganhar o ouro no salto e a prata nas barras assimétricas, foi a primeira ginasta brasileira a receber mais de uma medalha em um campeonato mundial.

Em 2022, no Campeonato Brasileiro de Ginástica Artística, Rebeca ainda ganhou quatro medalhas de ouro e uma de prata. Com esse resultado, ela se classificou para o Mundial de Liverpool, consagrando-se a número um do mundo, fato consolidado por sua vitória (na prova individual geral) no respectivo campeonato, no mesmo ano.

SAIBA MAIS!

◉ Rebeca já fez três cirurgias no joelho, e mesmo assim continuou competindo em alto nível.

◉ A música *Baile de favela* foi escolhida para a apresentação de solo da ginasta porque seu coreógrafo queria levar a cultura do funk brasileiro para o mundo.

◉ Rebeca é atleta do Clube de Regatas Flamengo, onde treina com as ginastas Flávia Saraiva, Lorrane Oliveira, Luísa Maia, Hellen Vitória e Larissa Oliveira.

ROSA PARKS

- AMÉRICA DO NORTE · ESTADOS UNIDOS
- 1913 † 2005
- ATIVISTA DOS DIREITOS CIVIS

Rosa Louise McCauley Parks nasceu em 4 de fevereiro de 1913, no estado do Alabama, no Sul dos Estados Unidos. Na infância, Rosa foi educada em casa pela mãe, depois frequentou a escola rural.

Na fazenda onde vivia, ajudava nas tarefas do lugar e aprendeu a cozinhar e a costurar. Na época, os negros eram ameaçados pela organização terrorista Ku Klux Klan, que incendiava escolas e igrejas frequentadas por negros. Por isso, o avô de Rosa vigiava a fazenda à noite, e as crianças costumavam dormir vestidas, caso precisassem fugir.

Em 1932, Rosa casou-se com o ativista Raymond Parks. E, incentivada pelo marido, concluiu o ensino médio em 1934.

Em Montgomery, capital do estado de Alabama, uma lei estabelecia que os primeiros assentos dos ônibus eram reservados para passageiros brancos. Em 1º de dezembro de 1955, voltando do trabalho, Rosa sentou-se em um lugar no meio do ônibus. Porém, quando alguns passageiros brancos entraram, o motorista exigiu que Rosa e outros três negros cedessem os lugares aos brancos. Rosa se recusou a levantar, sendo presa por isso. Edgar Nixon, presidente da Associação Nacional para o Progresso de Pessoas de Cor (NAACP), e um amigo pagaram sua fiança e ela foi solta.

Indignados e liderados por Martin Luther King Jr., os negros passaram mais de um ano sem usar os ônibus, o que gerou grande prejuízo para a empresa. No ano seguinte, a lei foi derrubada. Este foi o primeiro movimento que saiu vitorioso contra a segregação em solo estadunidense.

SAIBA MAIS!

- Em 1997, o dia 4 de fevereiro foi decretado nos Estados Unidos como o Dia de Rosa Parks.

- Em 1999, o então presidente Bill Clinton condecorou Rosa Parks, aos 86 anos, com a medalha de ouro do Congresso estadunidense.

- O ônibus usado nesse dia histórico foi restaurado e hoje faz parte do acervo do museu Henry Ford. Uma estátua de Rosa foi colocada em um dos bancos no meio do ônibus.

SANITÉ BÉLAIR

- AMÉRICA CENTRAL · HAITI
- ★ 1781 † 1802
- REVOLUCIONÁRIA HAITIANA

Suzanne Bélair, mais conhecida como Sanité Bélair, nasceu em 1781, em Verrettes, São Domingos (atual Haiti). Não se sabe muito sobre o começo de sua vida, apenas que ela nasceu livre.

Em 1791, muitas mulheres participaram da Revolução Haitiana e de combates armados. Sanité estava entre elas. Foi oficial do exército do governador Toussaint Louverture, um dos maiores líderes negros da revolução no Haiti. Além disso, lutou ao lado de seu marido, Charles Bélair, contra as tropas francesas que queriam escravizar seu povo.

Nas montanhas ao redor da cidade de Verrettes, por iniciativa de Sanité, Charles e ela reuniram a população, assim como parte das tropas, e atacaram uma expedição inimiga, vencendo vários combates.

Em 1802, quando as tropas de seu marido saíram para buscar munição, Sanité foi capturada em uma emboscada. Charles se rendeu para reencontrar a esposa e os dois foram condenados à morte. Ele seria fuzilado, e ela, por ser mulher, seria decapitada. Porém, no momento de sua execução, que aconteceu em 5 de outubro, Sanité recusou-se a se inclinar e a deixar o carrasco cobrir sua cabeça, exigindo que fosse fuzilada. O oficial ordenou o fuzilamento, e ela morreu, aos 21 anos, como um soldado. Suas últimas palavras teriam sido: "Viva a liberdade, abaixo a escravidão".

SAIBA MAIS!

- Os esforços de Sanité e de todos os outros membros das tropas haitianas resultaram na independência do Haiti, em 1º de janeiro de 1804.

- A escravidão em São Domingos havia sido abolida em 1794, mas o governo francês de Napoleão Bonaparte queria restaurar sua autoridade.

- Em 2004, o governo haitiano homenageou Sanité imprimindo sua imagem na nota de dez gurdes.

SERENA WILLIAMS

- AMÉRICA DO NORTE · ESTADOS UNIDOS
- 1981
- TENISTA RECORDISTA

Serena Jameka Williams nasceu em 26 de setembro de 1981. Mais nova de cinco irmãs, ela cresceu em Los Angeles e, aos 3 anos de idade, aprendeu a jogar tênis com o pai.

Sua carreira profissional começou em 1995, quando ela tinha apenas 14 anos.

Em 1999, ganhou seu primeiro grande campeonato, a *US Open*. Também participou de torneios com a irmã, Venus. Juntas, elas ganharam catorze *Grand Slams* de duplas femininas como parceiras, além de três ouros olímpicos, em 2000, 2008 e 2012.

Apesar do sucesso da dupla, Serena logo superou a irmã na categoria individual, vencendo-a no torneio *Australian Open* em 2017, no qual conseguiu o 23º *Grand Slam* individual de sua carreira – tornando-se a segunda maior campeã negra da história dos torneios.

Na categoria individual (conhecida como simples), Serena venceu o *Australian Open* sete vezes, a *Roland Garros* três vezes, levou o *Wimbledon* sete vezes e o *US Open* seis vezes.

Sua carreira profissional durou vinte e sete anos, e hoje ela é a mulher com o maior número de vitórias na história do tênis.

SAIBA MAIS!

- Serena venceu (várias vezes) todos os quatro eventos do *Grand Slam* (*Australian Open*, *Roland Garros*, *Wimbledon* e *US Open*).

- A tenista tem uma marca de roupas e joias chamada *S by Serena*, criada para empoderar pessoas a se sentirem as melhores versões de si mesmas.

- Fundou a empresa *Serena Ventures*, que investe em negócios com lideranças negras.

SHONDA RHIMES

🇺🇸 AMÉRICA DO NORTE · ESTADOS UNIDOS
⭐ 1970
🎬 CINEASTA CONSAGRADA

Shonda Lynn Rhimes nasceu em Chicago, no dia 13 de janeiro de 1970. Filha de uma professora, Shonda gostava de contar histórias desde pequena. Nos primeiros anos escolares, inventava histórias sobre sua família e contava para seus colegas na escola, demonstrando ter grande imaginação desde cedo.

Em muitas aulas, ela era a única aluna negra na sala. Como tinha dificuldade de fazer amizades, costumava imaginar seus amigos, criando histórias sobre eles também.

Hoje ela é uma grande roteirista, cineasta, produtora de televisão, e tem a sua própria produtora, a *Shondaland*, fundada em 2005. Seus trabalhos mais famosos são: o filme *O diário da princesa 2 – Casamento real*, e as séries *Grey's Anatomy*, que em 2022 estreou a décima nona temporada, *How To Get Away with Murder* (Como defender um assassino), *Bridgerton*, *Scandal* e *Rainha Charlotte: uma história Bridgerton*. Uma característica marcante de suas produções é a presença de mulheres fortes como protagonistas.

Certo dia, a irmã de Shonda reclamou que ela nunca dizia "sim" para nada. Essa frase fez a autora mudar totalmente seu estilo de vida: ela superou seu medo de falar em público e escreveu o livro *O ano em que disse sim: como dançar, ficar ao sol e ser a sua própria pessoa*, que foi um sucesso de vendas.

SAIBA MAIS!

- Sua primeira produção para a TV foi *Grey's Anatomy*, que venceu diversos prêmios, inclusive o Globo de Ouro de melhor série dramática, em 2007.

- Shonda entrou para a lista do *The New York Times* como uma das cem pessoas mais influentes de 2021.

- A roteirista recebeu muitos prêmios por seu trabalho excepcional, entre eles um Emmy e um Golden Gate Award.

SIMONE BILES

🇺🇸 **AMÉRICA DO NORTE · ESTADOS UNIDOS**
⭐ **1997**
🤸 **GINASTA LENDÁRIA**

Simone Arianne Biles nasceu em 14 de março de 1997 no estado de Ohio, Estados Unidos. Com 6 anos de idade, começou a praticar ginástica artística e se apaixonou pelo esporte.

Ao longo do tempo, Biles foi acumulando muitas competições e vitórias. Para poder se dedicar ainda mais à ginástica, aos 15 anos, ela começou a estudar em casa.

Como resultado de tanta dedicação, logo tornou-se a primeira ginasta a ganhar três títulos mundiais consecutivos, de 2013 a 2015, e nas Olimpíadas de 2016, que aconteceram no Rio de Janeiro, tornou-se a primeira ginasta americana a ganhar quatro medalhas de ouro em uma única competição. Biles também foi a primeira ginasta dos Estados Unidos a ganhar medalhas em todos os aparelhos (trave de equilíbrio, solo, salto e paralelas assimétricas).

Em 2021, nas Olimpíadas de Tóquio, ela anunciou que não participaria da final do campeonato por razões de saúde mental. Mesmo com a saúde afetada, decidiu participar da competição na trave de equilíbrio, conquistando uma medalha de bronze.

Atualmente, ela é a ginasta feminina com mais premiações na história dos campeonatos mundiais, com vinte e cinco medalhas, e está entre as melhores ginastas do mundo.

SAIBA MAIS!

- Nas Olimpíadas do Rio de Janeiro, que contaram com mais de quinhentos atletas, Simone era a menor, com apenas um metro e quarenta e cinco de altura.

- Sua biografia, *Courage to Soar: A Body in Motion, a Life in Balance* (Coragem para voar: um corpo em movimento, uma vida em equilíbrio), publicada em 2016, entrou para a lista do *The New York Times* de livros mais vendidos, em 2017.

- Em 2022, Biles recebeu do presidente Joe Biden a Medalha Presidencial da Liberdade, maior condecoração civil dos Estados Unidos.

SUELI CARNEIRO

- AMÉRICA DO SUL · BRASIL
- 1950
- VOZ DO FEMINISMO NEGRO

Aparecida Sueli Carneiro nasceu em 24 de junho de 1950, em São Paulo. Filósofa, escritora e ativista dos direitos humanos, publicou mais de cento e cinquenta artigos em jornais e revistas, além de dezessete livros, destacando-se como uma das principais autoras do feminismo negro no Brasil.

Sueli é cofundadora da Geledés – Instituto da Mulher Negra. Criada em 1988, a ONG visa unir as mulheres brasileiras contra o racismo e contra o sexismo, acabar com a discriminação e promover o bem-estar da sociedade.

Nos anos 1990, Sueli criou na ONG o projeto "Rappers", para os jovens negros que sofriam agressão policial, assim como um programa de saúde física e mental voltado para mulheres negras.

A ativista defende que a opressão da mulher pode ser combatida se lutarmos contra os estereótipos. Por isso, seu objetivo é devolver às mulheres o poder que, ao longo da história, foi tirado delas.

As obras de Sueli são tão relevantes que ela recebeu e ainda vem recebendo diversas homenagens, como o Prêmio Bertha Lutz (2003), o Prêmio Itaú Cultural (2017), o Prêmio de Direitos Humanos Franz de Castro Holzwarth (Menção Honrosa), além do convite em 2020, da Comissão de Igualdade Racial da OAB-SP, para celebrar sua vida e sua obra.

SAIBA MAIS!

- Sueli foi responsável pelo primeiro site de uma ONG do Brasil, um ano depois de a internet chegar ao país.

- A ativista é coordenadora do Projeto PLP 2.0, aplicativo criado para combater a violência contra a mulher, vencedor do Desafio de Impacto Social Google.

- Em 2018, a filósofa política Djamila Ribeiro criou o selo editorial Sueli Carneiro, para homenagear a importância das ideias e da atuação da escritora.

- Na 64ª edição do Prêmio Jabuti, realizada em 2022, a filósofa foi agraciada com o prêmio de "Personalidade do Ano".

TSITSI DANGAREMBGA

- ÁFRICA · ZIMBÁBUE
- 1959
- IMPORTANTE CINEASTA AFRICANA

Nascida no Zimbábue, em 4 de fevereiro de 1959, **Tsitsi Dangarembga** é uma grande romancista, roteirista, dramaturga e cineasta africana. Dos 2 aos 6 anos, morou com os pais na Inglaterra, onde aprendeu a falar inglês fluentemente. Os demais estudos foram concluídos em uma escola de sua cidade natal. Em 1977, cursou medicina na Inglaterra, porém, sofrendo com o racismo e o isolamento, acabou voltando para o Zimbábue, em 1980.

De volta ao seu país, Tsitsi atuou como professora, depois estudou psicologia. Nesse período, trabalhou como redatora em uma agência de marketing e entrou para o clube de teatro, onde percebeu que não havia peças com papéis para mulheres negras e que os escritores eram todos homens. Assim, ela resolveu o problema: escreveu três peças e passou a ler sobre mulheres na literatura africana.

Seu primeiro livro, *Nervous Conditions* (Condições nervosas), de 1985, foi rejeitado por editoras do Zimbábue, setor dominado pelo patriarcado. Porém, em 1988, uma editora internacional publicou o livro, que, já no ano seguinte, recebeu da Fundação Comunidade das Nações o prêmio de melhor livro africano.

Tsitsi estudou cinema na Alemanha e fundou a produtora Nyerai Films. Escreveu a história que deu origem ao filme *Neria* (1991), recorde de bilheteria da história do Zimbábue.

Hoje, ela é diretora da instituição *ICAPA Trust*, que promove a expressão da arte criativa, incentivando a mudança social e econômica, assim como o desenvolvimento da África.

SAIBA MAIS!

- A mãe de Tsitsi, Susan Dangarembga, foi a primeira mulher negra de seu país a obter um diploma de bacharelado.

- Tsitsi foi a primeira mulher negra do Zimbábue a publicar um romance em inglês.

- Em 1996, foi a primeira negra do Zimbábue a dirigir um longa-metragem: *Everyone's Child* (Filho de todos), um dos poucos filmes que abordam a crise da Aids na África.

USAIN BOLT

- AMÉRICA CENTRAL · JAMAICA
- 1986
- LENDA DO ATLETISMO

Nascido na Jamaica, em 21 de agosto de 1986, **Usain St. Leo Bolt** é um velocista considerado uma lenda do atletismo em todo o mundo.

Desde pequeno, Bolt chamou a atenção por sua velocidade incomum. Por isso, seus treinadores no colégio o convenceram a participar de competições de corrida. Ele começou a competir aos 14 anos e, aos 15, foi o garoto mais jovem a vencer o Campeonato Mundial de Atletismo Júnior. Já aos 17 anos, foi o primeiro adolescente a quebrar o recorde mundial na corrida de duzentos metros, completando a prova em 19,93 segundos.

Bolt já ganhou onze vezes o campeonato mundial de atletismo, possui oito medalhas olímpicas e, atualmente, é o único atleta a ter vencido as corridas de cem e duzentos metros em três Olimpíadas seguidas, em 2008, 2012 e 2016. Atualmente, é considerado o melhor velocista de todos os tempos, e sustenta o recorde mundial nas corridas de cem e duzentos metros, assim como no revezamento quatro por cem metros rasos.

Em 2017, Bolt se aposentou após uma lesão no tendão durante a final do campeonato mundial. Mas o atleta terminou a competição com uma medalha de bronze nos cem metros. São tantos os feitos de Bolt, que o velocista sempre será lembrado como um dos maiores nomes da história do atletismo.

SAIBA MAIS!

◉ Por sua grande velocidade, Usain Bolt ganhou o apelido de "Lightning Bolt", que significa raio, relâmpago.

◉ Com um metro e noventa e seis de altura, Bolt quebrou o estereótipo de que pessoas mais altas têm menos agilidade.

◉ A biografia de Usain Bolt, publicada em 2010 e atualizada em 2012, foi traduzida para o português com o título *Mais rápido que um raio: minha autobiografia*.

ZUMBI DOS PALMARES

AMÉRICA DO SUL · BRASIL
C. 1655 † 1695
LÍDER QUILOMBOLA

Zumbi dos Palmares nasceu por volta de 1655, no Quilombo dos Palmares, na atual cidade de União dos Palmares, em Alagoas. Os quilombos eram comunidades formadas por escravizados fugidos de prisões, fazendas e senzalas.

Existem poucas fontes confiáveis sobre a vida de Zumbi, mas acredita-se que, aos 6 anos, ele tenha sido capturado por um padre e batizado com o nome de Francisco, além de ter aprendido português e latim. Porém, aos 15 anos, ele teria fugido e voltado ao quilombo.

Em 1678, o governador da região propôs um tratado de paz que favorecia apenas o próprio governo: os escravizados nascidos no quilombo seriam livres desde que saíssem da região e aceitassem a autoridade dos portugueses. Ganga Zumba, líder do quilombo na época, aceitou a proposta, mas Zumbi não estava de acordo e decidiu continuar a lutar. Assim, no mesmo ano, Zumbi se tornou líder do Quilombo dos Palmares, com o apoio de Dandara, outro grande nome da resistência dos quilombolas.

Em 1695, um grupo de bandeirantes invadiu o quilombo, e, no dia 20 de novembro, Zumbi morreu após uma emboscada.

Por causa de sua bravura, Zumbi é considerado um símbolo da luta contra a escravidão.

SAIBA MAIS!

- O Quilombo dos Palmares foi o maior da história do Brasil. Composto por várias pequenas aldeias, chegou a abrigar mais de vinte mil habitantes.

- O Dia da Consciência Negra é uma homenagem a Zumbi dos Palmares. E é celebrado em 20 de novembro, no aniversário de sua morte.

- Os habitantes do quilombo se chamavam quilombolas, palavra de origem tupi que significa "aquele que foge".

KARINA BARBOSA DOS SANTOS

Oi! Que bom ter você aqui! Desde pequena, sempre fui agitada: eu só ficava parada quando tinha um livro nas mãos. Cresci em um ambiente rodeado de histórias e aventuras, graças aos meus pais, que sempre incentivaram a leitura em casa. Minha paixão por livros aumentava a cada dia, então me tornei... tradutora! Pois é, curiosa que sou, aprendi inglês, francês, italiano, espanhol... e trabalhei com livros em todas essas línguas. E daí surgiu o desejo de escrever! Este é meu primeiro livro, escrito com carinho para você. Espero que goste e aproveite a leitura!

LHAIZA MORENA

Nasci e cresci na periferia de Salvador, Bahia, me formei em computação gráfica, atuei como arte-finalista e diretora de arte em agências de publicidade, além de prestar serviços como ilustradora freelancer. Em 2019, ingressei integralmente na área de ilustração com foco em livros infantis, design de personagens e publicidade, buscando trazer a representatividade preta sempre que possível. Minhas ilustrações são criadas digitalmente, desde o rascunho até a finalização, com cores vivas e texturas. Um desses trabalhos, *Enedina Marques: mulher negra pioneira na engenharia brasileira*, esteve entre os cinco finalistas da categoria juvenil do Prêmio Jabuti 2022.
@lhaizamorena

Preto Ozado
(9786555528206)

Incidentes na vida de uma escrava
(9786555524505)

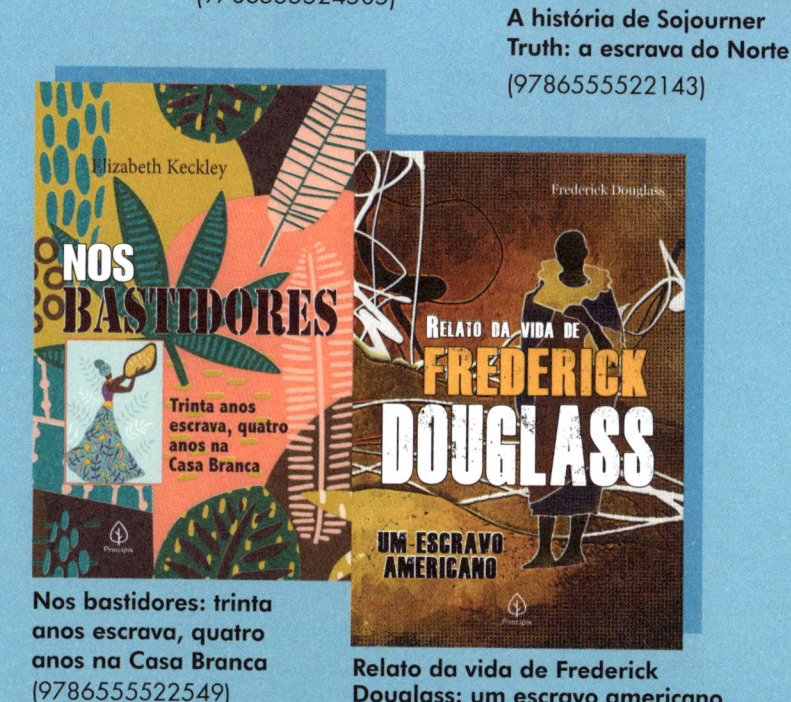

A história de Sojourner Truth: a escrava do Norte
(9786555522143)

Nos bastidores: trinta anos escrava, quatro anos na Casa Branca
(9786555522549)

Relato da vida de Frederick Douglass: um escravo americano
(9786555522556)

SUGESTÕES DE LIVROS

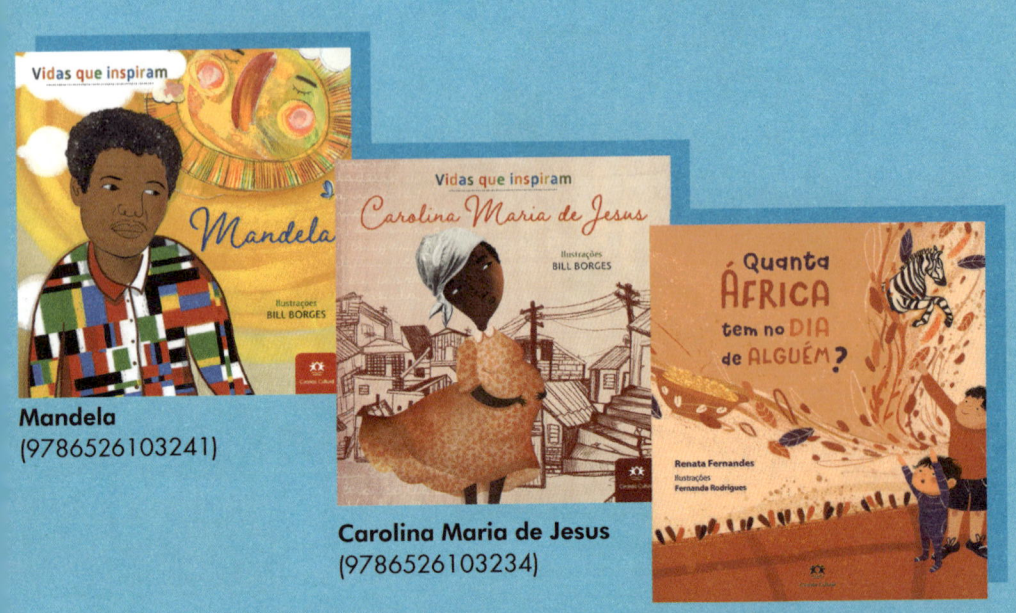

Mandela
(9786526103241)

Carolina Maria de Jesus
(9786526103234)

Quanta África tem
no dia de alguém?
(9786526103296)

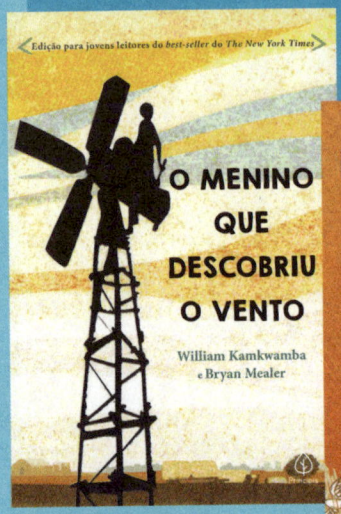

O menino que
descobriu o vento
(9786555526240)

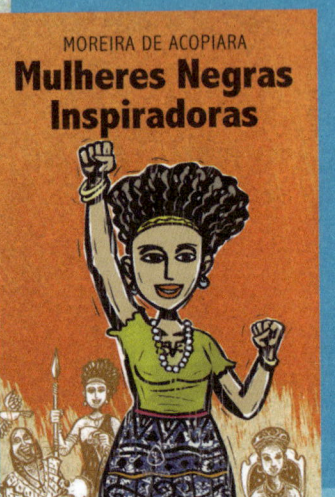

Mulheres negras inspiradoras
(9786555528060)

111